VIVIENDO
POR SIEMPRE
JOVEN

El Camino
a la Felicidad

TEODORO L MORENO

VIVIENDO POR SIEMPRE JOVEN

El camino a la felicidad

TEODORO L MORENO

Autor: Teodoro L Moreno

Editor: Edgardo Moreno
Diseño interior: Francisco Martínez López
Diseño de Portada: Edgardo Moreno

Contacto: Teodoro L Moreno
www.teodoromoreno.com

Un proyecto Editorial de

Tu Libro en 21 dias
www.Tulibroen21dias.com

TESTIMONIOS:

En este maravilloso libro, Teodoro L Moreno te explica porque la verdadera riqueza esta en tu mente, te lleva por un recorrido extraordinario llevándote desde tu niñez, pasando por tu juventud y hacia la mejor etapa de tu vida: "Tus años dorados". En este libro encontraras cual es el verdadero camino a la felicidad. Ademas aprenderás porque la dedicación, la constancia y la convicción son los elementos fundamentales para lograr el éxito que tanto deseas. En otras palabras encuentras que el secreto para triunfar en la vida esta en aprender de las enseñanzas de cada reto que nos presenta la vida.
Hector Gonzalez, Conferencista, autor y coach
www.triunfahoy.com

Este libro escrito por Teodoro L Moreno, es una compilación de una persona que tiene una gran pasión por la vida! Como dice Teodoro: "Nunca es tarde para lograr tus sueños".
La vida es plenitud en toda la extensión de la palabra y Teodoro es un ejemplo de plenitud y de que todos podemos lograr nuestros sueños con perseverancia, constancia pero sobretodo de nunca darse por vencido!
Adriana Barrera

"Viviendo Por Siempre Joven" es un gran libro de Teodoro L Moreno que nos conecta con nuestro creador y nos da pasos específicos para nuestro crecimiento personal y como desarrollar lideres. Además en este libro Teodoro nos lleva a viajar por nuestra niñez, adolescencia y madurez. Muchas Felicidades Teodoro eres un gran amigo, socio pero mas que todo un gran ser humano con un gran corazón te felicitamos por haber hecho una realidad tu sueño escribir tu primer libro. Nos sentimos privilegiados por ser parte de este gran proyecto.
Reyna y Rigoberto Jeronimo

Cuando el ser humano sea capaz de experimentar el placer de vivir intensamente cada instante de su vida, aprovechando los tropiezos que tenga en su caminar y que en vez de tomarlos como fracasos, les sirvan para impulsarse hacia la meta que persigue, entonces sabrá de lo que es capaz para obtener los resultados que tanto ha deseado desde el inicio de su vida. Es por eso que en el momento en que eleves tu mirada al cielo y te preguntes cuál es tu propósito en esta vida, solo entonces sabrás que tu misión apenas ha empezado. No importa la edad que tengas, pues Tadeo Morán te guiará paso a paso a través del resto de tu vida para que puedas disfrutar de ella en toda su plenitud.

Al leer este libro sabrás que nunca es tarde para iniciar y terminar todo lo que te propongas hacer en la vida y que los obstáculos que se te presentarán serán solo pruebas que te harán crecer y hacerte más fuerte, acumulando experiencia y sabiduría que te facilitarán el camino para llegar a la meta.

Teodoro L Moreno

TEODORO L MORENO

DEDICATORIA

A mi esposa Bertha, a mis hijos: Gaby, José Luis, Teodoro Jr., Marisol, Juan Carlos y Marvin, los cuales son un orgullo para mí.

A mis hermanos: Fernando, Felipe, Celso y Gustavo.

A todos mis amigos, maestros, instructores, mentores y estudiantes que me han apoyado en este proyecto.

A los instructores de SAPIE (Seminario de Armonización Para la Integración Espiritual). Por compartir sus conocimientos conmigo.

Deseo que este libro les ayude a realizar todos sus sueños y disfrutar la vida plenamente.

TEODORO L MORENO

AGRADECIMIENTOS

A mi finada esposa Ana Maria que compartió su vida conmigo y me dio unos hijos maravillosos.

A mi mamá por haberme dado su amor, apoyo y comprensión hasta el último momento de su vida

A mi papá por señalarme el camino hacia las metas que yo deseaba llegar.

A mi gran maestro Raúl Barrera que descubrió en mí, talentos guardados en mi interior y que me ha guiado con el ejemplo.

A mi mentor y amigo Héctor González y a todos mis amigos que con su apoyo y ejemplo me han inspirado para hacer este libro.

Raúl y Adriana Barrera, Toneth, Natasha y Amabely Barrera, Raúl y Juan Loeza, Aracely Cabrera, Herminio Nevarez, Hugo e Iliana Johnson, Olivia Luce, Rigo y Reyna Jerónimo, Verónica Pérez, Sandy Padilla, Elia Gómez, Sofía Pinto, Lucía Dominguez, Manuel, Fidencio, Joel, y Adan Arroyo, Faustina y Lorena moreno, Alicia Herrera, Irene Reyes, Reyna González, Francisco Hernandez, Jorge y Cecilia Herrera, Armando Esquivel, Jorge Vázquez, Ana Mendizaval, Emanuel Ramírez, Aron Mora, Leoncio Dionati ,Teodoro Meza, Alfonso García, , Bernie Lennert, Alex Bogomolny, Mickey Wheeler, Jose Gutiérrez, Linda Marquette, Tuan Tran, Thanh Nguyen, Josefina Nuñes, Luis Ramírez, Alma zalazar, Estela García, Nazario Varela.

ÍNDICE

EL AUTOR

Teodoro, un hombre de origen humilde que tuvo que vivir una vida de extrema pobreza. A edad muy temprana ayudaba a su papá en las labores del campo y tuvo que sufrir las inclemencias del tiempo, sin que por ello dejara de amar lo que hacía, pues despertaba en él una sensación de alegría el convivir con la naturaleza. Sembrar distintas semillas, verlas crecer y dar frutos, lo hacía reflexionar acerca de la vida.

Él es un empresario con una visión enfocada en el bienestar de los demás. Su tenacidad para enfrentar los retos que representa la vida lo llevó a esmerarse en sus estudios primarios, obteniendo el primer lugar en un concurso de lectura y escritura en el estado de Morelos (México) donde vivía. Dichos concursos eran organizados por la SEP (Secretaría de Educación Pública) de su estado, quedando ahí la semilla sembrada para hacerse un asiduo lector, poniendo mucho empeño en sus estudios secundarios, especialmente en cursos de literatura.

En sus prácticas de yoga dentro de la GFU (Gran Fraternidad Universal) tomó conciencia del valor de todo ser viviente sobre el universo y eso lo hizo interesarse en desarrollar sus conocimientos acerca de la vida, de las plantas, los animales y los seres humanos.

Estudió cursos de Técnico en Electrónica por correspondencia en Hempil School de los Ángeles California. Perfeccionó sus estudios en la Escuela Técnica Morelos E.T.M. y en Lincoln School, en California USA, por lo que tuvo la oportunidad de ser contratado por una compañía en expansión la cual goza ahora de ser una de las compañías líderes en su ramo a nivel mundial.

Comenzó a destacar en su trabajo por su tenacidad, esmero, constancia, dedicación y excelencia en todo lo que le encomendaban; ganándose el respeto y admiración de sus compañeros y supervisores. Así mismo, sus conocimientos de manejo de herramientas en trabajos anteriores y su mente creativa fueron las llaves para que obtuviera un puesto como ayudante de ingenieros en sus proyectos (Engineering Projects Support), el cual desempeña actualmente. Cada proyecto nuevo, en vez de mirarlo como un trabajo más, le sirve como un estímulo en su exitosa carrera.

El deseo insaciable de superación de Teodoro lo llevó a incursionar en el sistema empresarial de redes de mercadeo. Asistió a conferencias y charlas empresariales que le hicieron despertar en él un sueño que tuvo la determinación de llevar a cabo. Ese sueño era escribir un libro, un libro que fuera una guía con la cual todo ser humano tuviera la oportunidad de conseguir las metas deseadas.

Teodoro ha leído más de 200 libros; de principios de psicología, metafísica, relaciones humanas, ventas y mercadeo. Ha asistido a conferencias en vivo de motivadores y empresarios exitosos como: Herminio Nevarez, Hugo Johnson, Raúl Barrera, Héctor González, entre otros. Además, ha adquirido conocimientos de mercadeo en red.

También recibió cursos de superación personal de SAPIE (Seminario de Armonización Para la Integración Espiritual) que le hicieron tomar conciencia de quién era y de qué era lo que en verdad quería. Se dio cuenta de que debía aplicar los conocimientos adquiridos y compartir con los demás los aciertos y fracasos que había vivido, pues de no hacerlo su experiencia hasta entonces vivida se desperdiciaría, convirtiéndose en algo que pasaría a ser solo escombros del pasado.

Hasta los 64 años de edad, su sueño más grande había sido dejar un legado a la humanidad. Ese legado es un libro, que por medio de un personaje creado, puede adaptarse a la vida de cualquier persona, de cualquier edad y de cualquier género.

Su mayor deseo es que este libro se convierta en un manual práctico para el mejoramiento personal, familiar y empresarial, para que hombres y mujeres puedan disfrutar de la vida en toda su plenitud.

"VIVIENDO POR SIEMPRE JOVEN"
El camino a la felicidad

RESUMEN:

Tadeo Morán es un hombre extraordinario que buscó por todos los medios liberarse de una pesada carga, la cual venía arrastrando por muchos años. A pesar de haber adquirido conocimientos para llevar una vida tranquila, los recuerdos del pasado, lo perseguían sin piedad.

Había encontrado lo que muchos seres humanos han buscado a través de tiempos inmemorables: "la fuente de la eterna juventud". Sin embargo, lo más importante para él era encontrar la tranquilidad, porque de nada le serviría conservarse joven por siempre, si no podía disfrutar la vida en toda su plenitud. En su desesperación se aferró a una idea: dejar un legado para que nadie recorriera el tortuoso camino que le hizo tanto daño a él y a los seres que lo amaban.

Leonardo Moreno es un reportero de noticias para un periódico local que escuchó por coincidencia una conversación de Tadeo Morán, y que deseando escribir un artículo de una persona ordinaria, encontró un personaje que lo inspiró a hacer un libro.

Su idea era mostrarle al mundo un hombre extraordinario como modelo de persona, pero en el transcurso de las entrevistas todo cambió cuando Tadeo Morán le pidió que incluyera los errores de su negro pasado, los cuales serían el desplome de la imagen que sus lectores tendrían de él.

Esa imagen se levantaría de nuevo cuando Leonardo Moreno supo acerca de una misión que a Tadeo Morán le había sido encomendada: ser el guardián de una mansión en donde cada año se realizaban milagros.

Esa parte de su vida era un secreto que solo las personas privilegiadas podían saber. En la primera visita a la mansión, Leonardo Moreno quedó fascinado, pues dentro de ella se encontró, entre varias cosas, con "el espejo de la verdad", "el cuadro de la mujer sin rostro" y " el salón de los milagros".

Al leer este libro podrás identificarte con alguno de los personajes que lo conforman, ya que te permitirá viajar paso a paso por tu niñez, juventud y madurez.

En él encontrarás las respuestas que quizás has buscado a través de tu vida y que no han sido contestadas; respuestas que están dentro de ti, guardadas como un tesoro en el baúl de tus recuerdos y que en vez de hacerte feliz, te hacen daño.

Pero que al compartirlas con los demás, te harán vivir la vida en toda su plenitud.

Tadeo Morán lo supo y no dudó en aprovechar la oportunidad que el Creador le puso en su camino, pero esto es solo una parte de lo que encontrarás en el fascinante mundo de su vida.

Al terminar de leer este libro quizás te preguntes si volverás a saber de Tadeo Morán, y la respuesta es que es muy posible. Tú puedes ser capaz de mantenerlo con vida y seguirlo paso a paso a través del resto de su vida, pues él aún tiene muchos mensajes que darte ya que su misión más importante es enseñarte a disfrutar de la vida "VIVIENDO POR SIEMPRE JOVEN".

EL REY Y EL ZAPATERO

Había una vez un rey muy querido por toda la gente debido a su gran corazón y sencillez. A pesar de estar en el poder, era justo y le gustaba ayudar a la gente pobre poniéndoles los medios a su alcance para que tuvieran una vida digna.

Un día salió de incógnito de su palacio y recorrió su reinado. Él fue observando, escuchando y preguntándole de vez en cuando a la gente que encontraba a su paso: qué opinaban de su rey.

La gente no solo le respondía que era un buen rey, sino que le decían que si en todos los reinados de la tierra existieran reyes como el que ellos tenían, el mundo sería un lugar en el que no habría sufrimiento. Casi todos coincidían en lo mismo; admiraban, respetaban y amaban a su rey.

Cuando el rey regresó a su palacio muy emocionado por todo lo que había escuchado, se dirigió de inmediato al salón donde hacía oración y ahí, muy solemnemente, le prometió al Creador que haría todo lo posible para que en su reino no hubiera sufrimiento ni pobreza.

Esa noche salió al balcón de su palacio, admiró el cielo tachonado de estrellas, miró a lo lejos algunas chosas en las que se veía la luz a través de sus ventanas y se imaginó a los moradores de esas chosas, felices y dispuestos a dormir. Levantó otra vez su mirada al cielo y le dio gracias al Creador por la paz y la tranquilidad que experimentaba en ese momento.

De pronto, algo interrumpió ese momento de quietud, de paz y de calma. Era un sonido proveniente de una chosa que estaba junto a su palacio, no tan cerca pero sí lo suficiente para que en la noche se pudiera escuchar.

El sonido se interrumpía de vez en cuando, pero a la misma hora de la noche siguiente volvió a sonar y el rey de nuevo salió a su balcón a imaginarse qué podría ser lo que causaba el sonido.

A la mañana siguiente le pidió a su ministro que investigara a qué se debía el ruido que se escuchaba en las noches y le indicó más o menos el lugar de donde provenía.

Luego de que el ministro averiguara, le informó al rey que había un zapatero que tenía una familia numerosa y que para darles lo necesario para vivir, hacía zapatos de noche y salía a venderlos de día. Por eso era el ruido que el rey escuchaba desde su balcón. Al escuchar aquello, el rey habló con la persona que hacía el pan en su palacio y le dijo que cuando tuviera lista la masa para hacer el pan, le avisara para que él mismo pudiera hacer algunos. El panadero sin hacer preguntas le dijo que así lo haría y cuando la masa para hacer el pan estuvo lista, lo mando llamar.

El rey les pidió que lo dejaran solo y cuando así lo hicieron, comenzó a hacer unos panes en los que dentro de ellos puso unas monedas de oro y al terminarlos, llamó al panadero para que los horneara.

Al día siguiente mandó a su ministro a que le llevara los panes al zapatero y que le dijera que el rey se los mandaba. El zapatero y su familia se pusieron muy felices al saber de quién provenía dicho regalo.

Al sentarse a la mesa para desayunar, el zapatero se quedó mirando los panes y le dijo a su esposa que en vez de comérselos, él estaba pensando que si los vendía sería de mucha ayuda para ellos, a lo que su esposa le contestó que era una magnífica idea.

Ese día el zapatero y su mujer fueron a ver al dueño de una tienda y le preguntaron que si él quería comprarles unos panes que llevaban. El dueño de la tienda les dijo que sí y luego de llevarlos a su casa, partió uno para desayunar y encontró las monedas de oro.

Él no se explicaba por qué estaban allí, lo único que hizo fue ir a ver al zapatero y le dijo que los panes habían estado deliciosos y que cuando tuviera más, que él se los compraría.

Pasaron varios días y el zapatero continuaba recibiendo los panes semanalmente. Sin embargo, el ruido del zapatero que hacía los zapatos de noche continuaba. Por lo que el rey mandó investigar qué estaba sucediendo, a lo que le contestaron que el zapatero estaba vendiendo los panes porque eran muy pobres para darse el lujo de comérselos.

Entonces, el rey utilizó otro medio para que el zapatero dejara de ser pobre. Él puso muchas monedas en un saco de lona y decidió ir personalmente a entregárselas al zapatero, pero cuando estaba a punto de salir escuchó una voz que le susurró al oído: "No hagas rico al que yo hice pobre". Al escuchar esa voz el rey comprendió que hiciera lo que hiciera, el zapatero seguiría siendo pobre y por ello desistió de su intento de ayudar al zapatero, pues pensó que la voz que había escuchado era del creador.

A lo largo de los años han existido personas, que al igual que el zapatero, viven en extrema pobreza pero están conformes porque piensan que la riqueza y la gente rica son malas, mientras los pobres son buenos.

Sin embargo, cuando se deciden a salir de la pobreza y a buscar la manera de superarse en la vida para darle a su familia un estilo de vida diferente, se dan cuenta de que hay ricos que son buenos y hay pobres que no son tan buenos.

También de que existen en el mundo ricos que ayudan a los pobres y pobres que se aprovechan de los más pobres y que cuando un pobre obtiene una riqueza de la noche a la mañana, se vuelve arrogante y prepotente y sigue viviendo en la pobreza, porque seguirá siendo pobre de espíritu, bondad y de amor hacia el prójimo.

En cambio, cuando un pobre se esfuerza y obtiene abundancia, tanto material como espiritual, podrá comprender las necesidades de aquellos que luchan día a día y que por alguna razón no han tenido la fortuna de encontrar a su paso alguien que los impulse para lograr lo que desean.

Así como existen personas muy ricas en el mundo que se preocupan por la humanidad, personas altruistas que hacen donativos de grandes sumas de dinero para desarrollar programas de salud, de bienestar y de vida, también hay gente pobre que aporta su tiempo y su esfuerzo cuando de contribuir con una buena causa se trata. El premio para ellos es que al final de su camino se sentirán satisfechos con lo que pudieron hacer en su paso por este mundo, dejando huellas que prevalecerán hasta el final de los tiempos.

CAPÍTULO 1

¿Es todo joven?

El hombre se paró frente al mostrador, la cajera lo miró a los ojos y con una sonrisa contagiosa le preguntó: ¿Es todo, joven? El hombre le correspondió la sonrisa y le respondió: "Es todo, preciosa". Algunos clientes lo voltearon a ver y sonrieron porque ya conocían a Tadeo Morán, un vecino del lugar que vivía modestamente y que desde muy temprano se iba a trabajar. Lo que no todos conocían era dónde trabajaba y en qué. Solamente su pequeña familia y sus amigos más cercanos sabían de su vida, o de una parte de ella.

Cualquier otro hombre quizá hubiera tomado las palabras de la cajera como una burla, porque una persona que ha rebasado los 60 años de edad no le da crédito a las palabras cuando le dicen "joven". Pero Tadeo Morán era alguien muy especial, él sabía quién era, cómo era y qué había hecho en su vida para conservarse joven. Y no es que Tadeo Morán se viera como un joven de 20 años, con todo el cabello negro y abundante, ¡no! De ninguna manera, porque nadie puede detener el tiempo en un estado físico en el cual no aparezca huella. De hecho Tadeo Morán comenzaba a tener las sienes plateadas, producto de la sabiduría y la experiencia de la vida que se adquiere con el paso de los años.

Querido lector, tú mereces todo mi respeto y es por eso que en este libro mi deseo no es presentarte a un Tadeo Morán como un súper hombre o un ser dotado con poderes ilimitados. Y si en una parte de su vida hizo cosas increíbles fue porque a Tadeo Morán le gustaba poner en práctica los conocimientos adquiridos a través de la lectura y de las enseñanzas de grandes maestros que le compartían conocimientos a cambio de la promesa de que dichos conocimientos los pusiera en práctica ayudando a los demás. Sus maestros le advirtieron que para poder ayudar a los demás, debía estar bien en todos los campos de su vida: mental, físico y espiritual, porque de lo contrario, lo único que conseguiría sería convertirse en un doctor de los demás siendo presa fácil de las enfermedades que tratara de curar.

¿Cuántos años de su vida Tadeo Morán pasó desapercibido? ¿Qué era lo que detenía a Tadeo Morán a presentarse como un ser destinado por el Creador para salir a la luz y ayudar en una misión sin recibir recompensa alguna?

Nadie lo sabía, pero Tadeo Morán sí. Él sabía que debía haber una señal de aviso para que comenzara una enseñanza hacia los demás que para él se convertiría en aprendizaje a la vez, porque esa es la ventaja del maestro que enseña y aprende cuando se esfuerza por compartir los conocimientos adquiridos obteniendo buenos resultados y el agradecimiento de sus discípulos. Sin embargo, lo más importante es la satisfacción de saber que sus enseñanzas servirán para impulsar a todo aquel que desea superarse en la vida.

Tadeo Morán supo desde el primer momento que miró entrar a Leonardo Moreno a la tienda, que aquel joven tranquilo, limpio y educado, tenía algo que le hacía recordar su juventud en aquellos tiempos cuando comenzaba a forjar su futuro. Al igual que Leonardo, Tadeo también en su juventud mantenía una de sus manos ocupada por un libro. Eso llamó mucho su atención, además de la agenda y la pequeña grabadora que llevaba.

Tadeo sabía que Leonardo había escuchado la conversación con la joven cajera y cuando estuvo frente a él lo saludó y le dijo:

"Al mirarte me recordaste a mi hermano. Él falleció hace mucho tiempo y su pérdida fue muy dolorosa para mí, pero a través del tiempo he comprendido que en este mundo somos solamente viajeros que vamos en un tren enorme en el cual nuestro Creador nos ha asignado un lugar, a veces junto con los seres que amamos y a veces nos toca viajar en diferente vagón, pero tenemos la oportunidad de caminar por los pasillos y estar con ellos, abrazarlos y sentir la alegría que nos causa verlos.

Pero cuando nuestro Creador nos dice que algún ser que amamos deberá bajarse, es difícil hacernos a la idea de no volverlo a ver jamás. Mucho tiempo pasó antes de que supiera que cuando existe un llamado, ése no termina con la ausencia física del ser humano, sino que existe otro lugar, al que todos tememos por desconocimiento, que es hermoso y es donde las personas que han bajado del tren en que viajamos, llegan. Esas personas solo han abordado otro tren especial donde los seres humanos han sido seleccionados mediante sus actos en vida, y que su destino final es el mismo que buscamos con nuestras buenas obras, obedeciendo mandamientos, escritos y no escritos, que nos conducen en la vida y que no existe miedo cuando nos acercamos al final de nuestra vida. Ese lugar especial es donde convergen todas las terminales de los trenes que transportan las almas de nuestros seres queridos y que nos harán reunirnos con ellos,

¿cuándo? No lo sabemos. De lo que sí podemos estar seguros es que nuestro Creador es tan bondadoso que al llegar a la terminal de nuestra vida, es un regalo que nadie debiera rechazar."

Al escuchar la forma de hablar de Tadeo Morán, Leonardo supo que había encontrado un personaje poco común y que debería por todos los medios escribir un artículo, aunque fuera de una página. Entonces se hizo la promesa de que lo intentaría lo más pronto posible. Así que se despidió de Tadeo Morán y le dijo que hablar con él había sido un placer y una experiencia muy agradable.

Con esa idea en su mente, casi se le olvidó lo que iba a comprar y al salir miró a Tadeo Morán que se alejaba caminando a paso lento pero seguro, cosa curiosa pues entre más se alejaba, miraba su figura con un manto que resplandecía en contraste con las sombras de la noche. Y continuó con la mirada fija hasta que una voz lo hizo reaccionar, era su novia que lo tomó de la mano y le transmitió ese calorcito agradable de un ser que irradia amor hacia el ser que ama.

En ese momento se acordó de las palabras de Tadeo Morán y sintió un dolor en su corazón con solo imaginar una separación. No obstante se sobrepuso y pasándole el brazo por su frágil cintura, caminó varias cuadras disfrutando de tan agradable compañía.

Al llegar a su casa puso madera en la chimenea y se dispuso a saborear una aromática taza de té con el amor de su vida. Dio gracias al cielo porque la vida comenzaba a sonreírle y ya no tuvo miedo de lo que pudiera pasar, después solo se sumergió en los hermosos ojos de su amada y se perdió en ellos.

DESCUBRIENDO A UN PERSONAJE

En la vida de cada uno de los escritores existen momentos en que su camino los conduce a través de una infinidad de oportunidades al conocer personas de diferente raza, religión, condición social e ideología, las cuales los acercan o los alejan de las creencias inculcadas en el inicio de sus vidas cuando dependieron de alguien que los enseñara a dar sus primeros pasos y a tener sus primeras experiencias en la vida.

En esta ocasión, la oportunidad fue para nuestro brillante escritor quien tuvo la fortuna de escuchar una conversación, la cual lo inspiró para escribir este libro el cual jamás se imaginó que sería para él como la puerta secreta que está en la pared que tenemos frente a nosotros y que basta solamente cerrar los ojos y mirarla con nuestra imaginación.

Pero lo más importante es que después de que estemos dispuestos y convencidos de que podemos cruzar esa puerta para descubrir un mundo desconocido, podremos reflexionar acerca de lo que escuchemos, veamos y experimentemos. Ese mundo desconocido es el que cada uno de nosotros tiene y que guarda muy celosamente, porque ese mundo se convierte en el mayor tesoro enterrado en nuestros recuerdos, y cuando ha pasado el tiempo y lo sacamos a la luz, ese tesoro puede ser compartido con toda la humanidad y ahí es donde ese tesoro se desparrama en el mundo de los demás.

Quienes tengan la fortuna de tener ese tesoro en sus manos, serán beneficiados en todos los campos de su vida, pues podrán ver por anticipado el futuro que les espera con base a lo que alguien que va adelante de ellos ha vivido.

Leonardo Moreno jamás se imaginó entrar en el mundo enigmático de Tadeo Morán, pues después de escuchar la conversación en la tienda tardó algún tiempo en decidirse a preguntarle a Tadeo si tenía tiempo para una conversación informal que lo ayudara a estar seguro de si podría escribir un pequeño artículo acerca de la vida cotidiana de los clientes de la tienda, en la que de vez en cuando compraba algunas cosas que necesitaba en su hogar.

Pero al fin se decidió. Le explicó a Tadeo a qué se dedicaba y le preguntó si tenía unos minutos para conversar con él y luego se sintió gratamente complacido con la respuesta de Tadeo: "Para mí es un privilegio saber que alguien se interese en escribir algo acerca de mí. Cuente conmigo, no se preocupe por el lugar, ni el tiempo, ni la hora. Dígame dónde, cuándo y a qué hora nos vemos, y ahí estaré".

Leonardo Moreno se alejó del lugar sintiendo una inexplicable sensación pues estaba acostumbrado a entrevistar a grandes personalidades del mundo artístico, de la política y de los negocios. Esta era la primera vez que una persona "común y corriente" llamaría poderosamente su atención.

De camino a su casa veía las luces de las calles iluminando el paso de algunos vecinos del lugar que, aprovechando la tarde, habían salido de sus hogares para disfrutar de un pequeño paseo por la ciudad.

UN ARTÍCULO NO, MEJOR UN LIBRO

Cuando llegó a su casa comenzó a escribir muchas preguntas que tenía en mente para la entrevista con este personaje aún desconocido, pero que para él era UN PERSONAJE. No supo cuánto tiempo estuvo escribiendo, ni cuántas preguntas fueron las que escribió. Lo cierto es que cuando se sintió demasiado cansado se fue a su cama y se dispuso a dormir, pero por más que trataba de hacerlo, no lo lograba. Así que comenzó a leer un libro y el sueño lo fue venciendo poco a poco hasta que por fin se quedó dormido.

No supo cuánto tiempo estuvo dormido, lo cierto era que aún no sabía qué fue lo que soñó porque seguía sintiéndose muy cansado. Sin embargo hizo un esfuerzo y fue a servirse un vaso de agua de la jarra que tenía en la pequeña mesa que le servía de comedor cuando se enfrascaba en un artículo que le llamaba poderosamente la atención. En esas circunstancias, no se daba el lujo de ponerse cómodo para saborear alguna comida especial, que tan afanosamente le preparaba su hermosa novia la cual lo visitaba de vez en cuando.

El agua le devolvió un poco de la energía que por alguna razón había perdido durante el sueño y se puso a repasar con calma cada uno de los acontecimientos de hace unos meses atrás. Leonardo tenía el presentimiento de que su vida daría un giro enorme, pero no se explicaba por qué. Él presentía que algo venía a su encuentro, algo que le producía un gran entusiasmo por la vida, por su trabajo, por la gente que entrevistaba y por todo lo que se moviera a su alrededor.

La gente lo admiraba porque Leonardo era una persona educada y, aunque no había tenido estudios superiores, había adquirido mucho conocimiento estudiando infinidad de libros de teología, historia, psicología y muchos otros que tenía en su biblioteca particular de su casa. Y es que tratándose de leer o escribir, parecía que el tiempo se detuviera para él.

Cuando la gente que tiene un trabajo estable adopta una disciplina para distribuir adecuadamente su tiempo, lo divide en espacios para trabajar, descansar, divertirse y dormir. Pero para Leonardo esto no podía ser posible debido a que su trabajo era demasiado variable al grado de que podía pasarse días enteros sin que pudiera obtener un buen artículo o una noticia que llamara la atención de la gente y que algún periódico local se interesara en él.

Sin embargo, desde el momento que comenzó la entrevista con Tadeo Morán, su vida cambió porque se pasaba horas y horas cuidando cada detalle que encontraba, y que sabía que podía llamar la atención de la gente. Leonardo sabía que en el momento en que sacara a la luz su artículo debía estar preparado, ya que sería un artículo diferente a los demás.

Y luego pensó: "¿Un artículo? No, mejor escribo un libro que cambie la vida de millones de jóvenes". Jóvenes que antes de leer el libro habían recibido la educación necesaria para ser profesionales de diferentes especialidades, pero sin la concientización suficiente para que cada uno de ellos desempeñara su profesión con el fin de ayudar a los demás. Porque en un mundo de profesionales existe la tentación de la riqueza, el prestigio y la fama, pero no era culpa de ellos porque la educación nunca ha sido mala. Solo que cuando se interpreta de forma equivocada los resultados, son diferentes a lo esperado por aquellos que esperan mucho de un estudiante graduado de una Universidad.

Con mucho conocimiento de todas las cosas materiales pero desconociendo algunas cosas tan esenciales como son el amor a sus semejantes y la humildad que engrandece a quien la práctica.

Leonardo moreno sabía que todo lo que supiera de Tadeo Morán desde ese momento, sería de gran importancia para que su libro adquiriera esa esencia que emanaba de un personaje tan enigmático capaz de cambiar el curso de la historia de la vida de cada ser humano que leyera su libro.

Al día siguiente, Leonardo Moreno se levantó muy temprano, cosa muy poco usual en él pues estaba acostumbrado a desvelarse ya que en la noche era cuando aprovechaba el silencio para escribir sin ser perturbado. Había acordado reunirse con Tadeo en un pequeño restaurante del lugar para que mientras disfrutaran de un desayuno, fueran planteadas una a una las preguntas de esa "pequeña entrevista" que nuestro escritor le había prometido a Tadeo junto con una recompensa por su valioso tiempo. Pero Tadeo lo interrumpió preguntándole si él podía aportar algo de su experiencia. Tadeo estaba dispuesto a colaborar sin recibir recompensa alguna y le pidió que por favor no hablaran de negociar con lo relacionado acerca de su vida. Luego de saber que Leonardo tenía la intención de hacer un libro, le dijo que si tenía la voluntad de desprenderse del beneficio de ese libro, que buscara la manera de hacerlo asequible a la mayoría de las personas, pues la finalidad de la historia de vida de Tadeo Morán era ayudar a las personas a vivir una vida plena después de lograr sus objetivos.

A pesar de que Leonardo había escrito algunas de las preguntas que le haría esa mañana a Tadeo Morán, comenzó a sentirse inseguro acerca de cuál pregunta sería planteada al comienzo. Tadeo Morán se dio cuenta de la turbación de Leonardo y con una voz tranquila y segura le dijo: "No te preocupes por las preguntas que me vas a hacer. Haz de cuenta que estás con un amigo el cual goza de tu plena confianza y que no escatimará con el tiempo para que todo salga perfecto". Leonardo se tranquilizó. Esto era algo nuevo para él pues estaba acostumbrado a hacer preguntas a personajes que muchas veces lo dejaban a medias porque tenían el tiempo demasiado limitado, pues los artistas, los políticos y grandes hombres de negocios carecen de una de las cosas esenciales en la vida para mantenerse joven, y esa cosa tan esencial se llama TIEMPO.

Contrariamente a lo que tenía programado, nuestro escritor solo lanzó la primera pregunta, cuya respuesta no imaginaba que lo llevaría directamente a la entrada del maravilloso mundo de Tadeo Morán. Esa respuesta despertaría el interés de Leonardo

Moreno en hacer un libro en vez de un artículo. Ese libro es el que estás leyendo en este momento, cuyo contenido tiene un valor incalculable, tal como el valor de las respuestas que Tadeo Morán detallaba en su entrevista.

Así que la primera pregunta que le hizo nuestro escritor a Tadeo fue seguida por otras preguntas más: ¿En qué trabaja usted? ¿Le gusta su trabajo? ¿Por qué? Si volviera a nacer, ¿qué trabajo le gustaría desempeñar? ¿Cuándo tiene pensado retirarse de su trabajo?

Tadeo Morán contesto así:

TRABAJO, LEY UNIVERSAL

"En el mundo en el que nos desenvolvemos existen algunas cosas que al ser humano no le agrada hacer, pero entre esas cosas hay una que no solo le desagrada hacer, sino que llega el momento en que se odia. Y esa es una de las cosas esenciales en la vida, a pesar de que todo el mundo necesita hacerlo para poder llevar una vida útil dentro de la sociedad.   Esa cosa tan esencial en la vida se llama "trabajo".

Se dice que en el inicio de la humanidad el primer hombre y la primera mujer no tenían que trabajar para vivir y podían disfrutar de todo lo que ellos desearan, pero había una cosa que no debían hacer: comer el fruto prohibido, ya que si lo hacían perderían todos los privilegios de los que gozaban.

A pesar de la advertencia, igual lo hicieron. Pero aún a pesar de haberlo hecho, fue peor el hecho de que buscaron culpables de sus actos.   Adán culpó a Eva y ella culpó a la serpiente. Creo que desde entonces el ser humano comenzó a buscar culpables de todo lo malo que le sucede. La frase para excusarse más común es: "Si no fuera porque…" Pero nuestro creador, con su sabiduría infinita, solo le dijo a Adán que para poder alimentarse tendría que hacerlo con el sudor de su frente, o sea que tendría que trabajar, cosa que a nadie le agrada.

Lo bueno de todo esto es que desde entonces, todo mundo trabaja y la única diferencia es cuál clase de trabajo se desempeña y si se hace con agrado o con negación. Si se hace con negación es que se está oponiendo a un mandato divino, y entre más reniegue, más pesada se hará su jornada de trabajo y llegará el momento que renegará haber venido al mundo a "sufrir". Entonces buscará por todos los medios huir a esa responsabilidad. Lo único cierto es que todo lo que haga el ser humano para evadir esa responsabilidad, solo lo conducirá a complicarse más la existencia. Aunque crea que puede vivir a costa de otros de una forma o de otra, el solo pensar cómo hacerlo le cuesta trabajo. Pero vamos a la primera respuesta:

Mi trabajo es creativo, es algo que yo amo. Él me da para vivir, pasear, divertirme, alimentarme y me permite convivir con mis compañeros día a día. Mi trabajo es un regalo DIVINO que acepto hasta el día de hoy. Y no como una condena, sino como una fuente inagotable en la que adquiero conocimientos y experiencias para ir dejando huella de todo lo que soy capaz de hacer con todos los DONES que fui BENDECIDO, DESDE EL MOMENTO DE MI NACIMIENTO.

Quizá tu pregunta no ha sido contestada, pues la pregunta fue que en qué trabajaba yo y la respuesta que te puedo dar es que actualmente trabajo en proyectos de diferente índole, proyectos en una compañía, proyectos en otra y proyectos en mi vida, los cuales me mantienen en constante movimiento y ocupado física y mentalmente. Pero lo más importante para mí es disfrutar de mi tiempo pues, a pesar de que mis ocupaciones son muchas, hago una división equitativa con las horas que tiene el día y la noche y aprovecho los espacios de tiempo para trabajar, divertirme, leer, y meditar aplicando unos principios que aprendí de alguien que escuché y que he puesto en práctica. La historia cuenta sobre un anciano que había rebasado los 100 años y, que al igual que tú lo estás haciendo conmigo, este anciano fue porque conservaba sus facultades mentales y físicas muy bien.

Esto causaba curiosidad en la mayoría de la gente y cuando el reportero le preguntó que cómo hacía para conservarse así, la respuesta fue la misma que todos sabemos pero que nadie práctica: "Mire joven, lo que yo hago para conservarme así todo mundo lo puede hacer, la diferencia es que nadie quiere hacerlo. Cuando tengo hambre, como. Cuando me canso, me siento a descansar y cuando tengo sueño, duermo. ¿Suena congruente todo esto? Hoy en día al ser humano no le alcanzaría el tiempo ni aunque duplicaran las 24 horas que tiene el día. El mundo anda con mucha prisa y no hace uso debido del tiempo. Lo invierten sin discreción pero no es capaz de regalarse a sí mismo un tiempo de calidad. Comen cuando pueden y no cuando tienen hambre, duermen cuando pueden y no cuando tiene sueño, y descansan solo si les "sobra" tiempo.

¿Por qué es tan importante la ubicación de lo que hacemos? ¿Acaso el ser humano no está harto de que se le impongan disciplinas y leyes para todo? ¿Qué hay de los consejos de las personas mayores, que aunque no dan buen ejemplo, quieren ser escuchados por sus sabios consejos?

Existe en el interior de cada uno de nosotros una voz que continuamente nos está repitiendo, como un susurro, las cosas que nos benefician y las que nos perjudican. Esa voz se llama conciencia o "yo interior" que siempre trata de protegernos mandándonos señales de alerta cuando hay peligro. Otra ayuda para nosotros es nuestro cuerpo, que nos avisa que algo anda mal en nuestro estado físico por medio de dolores, pero a veces no hacemos caso y nos "aguantamos" o tomamos algo que nos quita el dolor (la señal en el punto del problema) y muy tranquilos no le damos importancia a ese valioso aviso.

Cuando sentimos hambre nos aguantamos hasta que haya tiempo para poder comer a gusto, pero en realidad el daño ha comenzado. La sabia naturaleza nos ha dotado de "ácidos" para procesar los alimentos y, al encontrar vacío en el estómago, comienza a ejercer su función en las paredes de él, produciendo úlceras que si se descuidan, se convierten en algo más que un simple malestar, a veces muy difícil de remediar.

Así mismo, no dormir lo suficiente va creando problemas principalmente en nuestro sistema nervioso. Se trata de un desajuste en todo nuestro organismo a tal grado que muchos recurren a drogas como una alternativa para evitar caer en las garras de la depresión o la locura, sin saber que esa no es la solución. Más fácil hubiera sido adoptar una disciplina y evitar todo ese malestar.

Pero en fin, solo usted puede seguir el ejemplo del anciano de nuestra historia."

Leonardo continuó con la pregunta: ¿Le gusta su trabajo? A lo que Tadeo Morán le contestó:

"En esta pregunta quiero explicar con más detalles el porqué me gusta mi trabajo:

Cuando la mayoría de la gente está aprendiendo sus primeras letras, su vocación no está definida. No es hasta que reciben ciertos conocimientos más avanzados que se acercan a lo que quieren hacer cuando sean mayores.

El problema es que muchos creen que pueden ser igual que algún profesional que, después de haberse graduado de alguna Universidad, se convierte en alguien con fama, dinero y prestigio. Pero se ignora que aunque ese alguien se pueda parecer físicamente a nosotros, es muy diferente en cuanto a las posibilidades, el medio en que se desenvuelve, su proveniencia, entre otras cosas. Solamente sería posible, incluso rebasarlo, teniendo la convicción de lo que quiere y de antemano sabiendo que le espera un camino muy difícil por recorrer, pero que ése será el mérito. Hay una frase que dice: "Si todas las cosas que valen la pena se hicieran fácilmente, cualquiera las haría."

Te voy a decir por qué me gusta mi trabajo, lo que yo hago en la actualidad es algo que me satisface día a día. Es algo que me apasiona, me entusiasma y que mantiene mi mente ocupada cuando lo que hago es difícil de hacer y relajada cuando es fácil. No envidio a la gente que gana dinero fácilmente sin hacer casi nada porque yo tengo esa oportunidad, por mis estudios, mi experiencia, mi dedicación y mi empeño en hacer las cosas con excelencia. Eso y ponerme en el camino con gente de mucha sabiduría con quien compartí mis conocimientos, debo agradecérselo al Creador. Si hay un buen alumno es que ha habido un gran maestro y si hay un gran maestro es porque hay maestros de maestros.

Como el gambusino que día tras día camina hacia la montaña y con mucho esfuerzo cava en la dura roca tratando de arrancar de sus entrañas un yacimiento de oro, así me pasé años y años estudiando y practicando. Entre desvelos y privaciones logré al fin adquirir los conocimientos necesarios para poder llegar a la meta que me propuse. Hubo momentos en que quise renunciar, pero la palabra fracaso nunca ha estado en mi mente. Desde que tengo uso de razón me ha gustado lograr metas y mi trabajo fue una de ellas. Yo sé que lo que hago vale mucho y si no soy evaluado por lo que hago, yo hago una evaluación de mí mismo. Yo le pongo precio a lo que hago y me felicito por hacerlo. Sé que cada vez que hago algo, dejo huella a mi paso por esta vida, dejo un legado. Y aunque no espero ni necesito aprobación por lo que hago, yo sé que valgo, sé que soy alguien especial, que nadie es igual a mí, que soy diferente a los demás en cuanto a pensamientos y mentalidad. No hay en el mundo quien pueda hacer algo igual que yo pues soy único.

Amo mi trabajo porque al hacerlo, regreso a mi casa y sé que he cumplido con una ley UNIVERSAL. Puedo descansar, divertirme y estar en paz conmigo mismo al saber que puedo ser capaz de crear algo que será útil para la humanidad. Además, sé que alguien se sentirá feliz y me estará esperando de regreso a casa.

Mi trabajo me gusta porque cada día aprendo algo más de mí, ¿algo raro no crees? La gente "NORMAL" aprende de los libros, de los maestros, de otra gente, de lo que ve, de lo que oye y de lo que siente. Lo raro es que alguien te diga que aprende de sí mismo, ahí es donde la mayoría se confunde. Cuando yo digo que cada día aprendo más de mí es que ni yo mismo sé cuál es mi verdadero potencial, pues entre más difícil es el proyecto que me propongo, más cualidades escondidas salen a flote. Créeme que ni yo mismo sé qué es lo que soy capaz de hacer.

Un día escuché a mi hijo decir que había aprendido algo que lo había llenado de entusiasmo. Con curiosidad le pregunté qué era y me contestó así: "¡Encontré la forma de vivir sin trabajar! Escuche a un señor que lo hace y yo puedo hacerlo también".

Al pedirle que me explicara con detalles de qué vivía ese señor, él me dijo que era un vendedor de libros que le gustaba tanto lo que hacía, que para él vender libros no era un trabajo. Así que mi hijo había pensado dedicarse a algo que le permitiera vivir bien pero que ese algo fuera de su agrado, así no lo consideraría un trabajo.

Esa fue una lección aprendida por mi hijo. Yo había desempeñado un oficio por más de 20 años y parecía que había sido ayer cuando empecé.

Para mucha gente, el simple hecho de levantarse temprano, lidiar con el tráfico y saber que tendrá que estar una jornada de trabajo sin poder hacer lo que le venga en gana, es causa de estrés. Y el mal humor no se puede disimular aunque se quiera.

Recuerdo un día que al llegar a la mesa donde antes de empezar a laborar me sentaba a tomar un vaso de café, les di los buenos días a unas señoras que estaban en otra mesa junto a la mía. Todas me regresaron el saludo excepto una que me lanzó una mirada de mal humor y me preguntó qué tenía de bueno ese día.

Sus compañeras de mesa desaprobaron esa actitud y ella se sintió incomoda también. Yo le pedí una disculpa diciéndole que no fue mi intención hacerla sentir mal y me alejé dándole gracias a Dios que encontré la manera de comprender que posiblemente esa mujer estaría pasando por un mal momento.

Al otro día, la misma mujer se dirigió a mi mesa y me dijo: "Discúlpeme por la respuesta de ayer, me comporté como una persona sin educación, pero la verdad es que aunque le pido disculpas por mi comportamiento de ayer, para mí no tiene nada de bueno un día en el que tengo que levantarme temprano, venir a mi trabajo, soportar a mi supervisor y soportar el ruido que producen las maquinas, ver el reloj que no avanza y para colmo de males tener que contestar un saludo para decir buenos días. Contésteme con la verdad, dígame una razón para encontrar algo de bueno en un día de trabajo".

En ese momento le pedí a Dios que me iluminara para poder darle una respuesta acertada y comencé así: "Antes de que le conteste esa pregunta, permítame decirle que no es usted la única persona que tiene la misma opinión de un día de trabajo. Existen miles o millones de personas en el mundo que tienen su misma manera de pensar. Y entre esos millones de personas existen panaderos, albañiles, cocineros, meseros, taxistas, maestros, abogados, etc. Imagínese que un panadero hace su trabajo con una mala actitud, ¿cómo va a quedar el pan que nos llega a la mesa? Y si un albañil construye de mala gana, imagínese qué clase de construcción hará, por eso hay tantas casas que se derrumban. Y así muchos otros más. Y tú, ¿qué piensas hacer el día de hoy? ¿Estarás todo el día negando tu trabajo? ¿Qué llevaras de regreso a tu casa? ¿Qué esperas para el día de mañana? ¿Aún sufres al pensar que se repite la misma pesadilla? ¿Te persigue tu trabajo entre sueños? ¿Eres capaz de descansar aunque te sientes en el mejor sillón al llegar a tu casa, sabiendo que te espera el genio del mal al otro día?

La gente como tú sufre lo indescriptible. Pero no te preocupes, yo pasé por ese calvario a mis inicios al igual que tú. ¿Pero quieres que te diga una razón por la cual un día de trabajo tiene algo bueno para mí? Mi respuesta es que hay varias razones para darle gracias a Dios por tener algo que mucha gente desearía tener, UN TRABAJO HOY.

Cuando manejo por la calle miro gente en la parada de los autobuses con una bolsa en la mano y se nota que tienen frío mientras yo traigo calefacción en mi auto. Muchos desearían trabajar en lo que sea, aunque sea unas horas para llevarle a su familia algo que comer. También muchos desearían tener un trabajo estable en el cual no tuvieran la incertidumbre de si encontrarán trabajo al día siguiente.

Mucha gente que no tiene trabajo es humillada por los demás, incluso por sus amigos y, en el peor de los casos, por su misma familia que en vez de darle apoyo al principio, muy sutilmente les ponen un plazo para se vayan. La gente que no tiene trabajo, pero que está acostumbrada a trabajar, sufre cuando por alguna circunstancia ha perdido la esperanza. Mientras que otros perdieron su trabajo porque su actitud propició esa pérdida al negarlo. ¿Quieres más razones para convencerte a ti misma de que un día de trabajo tiene muchas cosas buenas cuando se sabe valorar?"

La mujer no contestó. Ella tenía la cabeza inclinada y con sollozos en su garganta apenas pudo contestar. Cuando me miró tenía lágrimas en sus ojos. Ella entendió el mensaje que había en mis palabras. "Ya no siga por favor se lo suplico, tiene usted razón".

Y ella continuo diciendo; recuerdo que un día me fui con mala actitud al trabajo. Todo me salió mal ese día y mi desesperación fue tanta que maldije a todos y a todo lo que me rodeaba. De regreso a mi casa tenía un mal presentimiento, quise arrepentirme de mi actitud tan negativa. Le había reprochado a mi jefe por el exceso de trabajo que hacía, a lo que él me contestó que nadie me podía obligar a hacer más de lo que yo pudiera hacer, y que si estaba pasando por un mal momento que me tomara la tarde libre. Pero dentro de mi inconsciencia pensé que no debía aceptar tal ofrecimiento y que él solo quería hacerme quedar en ridículo. Después de unos días mi carácter fue empeorando a un punto de que mi vida se convirtió en un infierno y mis compañeros de trabajo me dejaron de hablar.

Un día recibí un sobre en mi casa y al abrirlo sentí un vacío dentro de mí pues en él venía un cheque y una nota donde me daban las gracias por el trabajo que había desempeñado.

Fue entonces que valoré lo que había tenido hasta ese momento y caí en depresión sintiéndome muy mal. Luego de eso fui a ver a mi madre, pero al llegar me dijo mi hermano que si hubiera llegado antes, la hubiera alcanzado con vida. Mi hermano había perdido el trabajo y no tenía dinero para comprar las medicinas que mi madre necesitaba.

Le fue a pedir dinero prestado a familiares y amigos pero le decían que no tenían y que además cómo garantizaba pagarles si no tenía trabajo. Así que me llegaron esos amargos recuerdos y me sentí muy mal. Lloré y por eso mismo le pido que me disculpe".

Después de esas palabras la mujer se alejó, parecía que cargaba algo demasiado pesado en los hombros porque su caminar era lento, muy lento.

Cuando regrese a mi casa sentí calor al abrir la puerta, así que me dirigí al refrigerador y miré lo que había en su interior. Estaba repleto de comida: leche, verduras y algunas cosas más. Miré algunas cosas mal acomodadas y pensé en acomodar todo, pero me detuve y me fui a dar una ducha.

Más despejado en la sala de mi casa, en mi ejercicio de meditación me di a la tarea de repasar los sucesos del día, recordé paso a paso todo lo acontecido. Esa era una forma de poner en orden mis ideas y no almacenar pensamientos dañinos que pudieran causarme mal. Así que pensé en desecharlos, eso era que había aprendido de mis mejores maestros los cuales me decían que el orden de ideas en la vida y en tu entorno es lo ideal para vivir en armonía con la naturaleza y el ambiente que te rodea.

Pensaba cuántas personas en el mundo se encontraban en la situación de la mujer que estaba de mal humor por su trabajo, sin tener la oportunidad de salir de su error al renunciar y enfrentarse a la realidad. Recuperar la convicción perdida es algo muy difícil. Quien desarrolla un trabajo, por humilde que este sea, siempre será digno de confianza, siempre y cuando le dé gracias a Dios por los beneficios que obtiene del fruto de él.

A pesar de haber hecho algo bueno ese día, aún sabía que había mucho por hacer y buscando la forma de llevar este mensaje a los millones de seres que sufren día a día me quede profundamente dormido.

Al otro día cuando vi a la mujer con mala actitud por su trabajo. Pero me encontré con una persona diferente. Ella se acercó a mí y me dijo con una amplia sonrisa: "Buenos días, ¡qué afortunada soy el día de hoy! Usaré mis manos para dejar huella de mi paso en esta vida. Que Dios lo bendiga". Y en la tarde la vi platicando con varias de sus compañeras de trabajo y supe que había valido la pena hablar con ella, pues ella misma sería portadora de un mensaje tan noble como es darle ánimos y esperanza a aquellos que sufren.

El mundo está lleno de personas inconformes y los miramos en las calles protestando por todo con pancartas en las que exigen sus derechos y que se les den toda clase de facilidades para vivir cómodamente. Pero en la mayoría de los casos esas mismas personas son las que evitan que haya acuerdos para seguir manipulando las mentes de quienes se dejen.

Existe un grave problema con ese tipo de movimiento, ya que hace que la vida se vuelva más difícil pues afectan la mayoría de servicios y retrasan las labores de muchos que dependen de un vehículo para trasladarse a su trabajo, además de los casos de emergencia.

Pero si vamos al fondo de todo esto y nos ponemos a analizar la situación de los trabajadores, podremos darnos cuenta de que son personas que por "mala suerte" les han tocado los peores trabajos, patrones, compañeros de trabajo y salarios. Y para colmo de males, cuando intentan hacer algo bueno, todo les sale mal. Por eso se molestan cuando alguien dice: ¡Qué bonito día! ¡Vamos a echarle ganas! ¡Feliz día lunes! ¡Que tengas un feliz inicio de semana! Etc. Pero, ¿quién es culpable en realidad? ¿La suerte? ¿Haber nacido pobre? ¿Haber nacido en la familia equivocada? ¿En el país equivocado? ¿Es culpable el gobierno? ¿Los ricos? ¿O Dios por no darles lo que con tanto fervor le piden? ¡Definitivamente No!

Dice una frase que: "Cada quien es el arquitecto de su propio destino" Tiene mucho de cierto porque si una persona se conforma con lo que es, puede estar bien por un corto periodo de tiempo. Pero cuando germine en ella la idea de que merece lo mejor de la vida, será hora de despertar y de adoptar una actitud positiva, porque es de locos pensar que haciendo nada que le ayude a lograr todas las metas que se proponga en la vida, pueda obtener los resultados que espera.

Para obtener buenos resultados en lo que una persona se proponga, deberá invertir tiempo, dinero y esfuerzo. ¿Por qué invertir? Porque todo lo que nos beneficia en el futuro es una inversión a corto o a largo plazo, pero es una inversión que dará frutos. Por naturaleza, al ser humano siempre le ha gustado ir hacia adelante, progresar, tener todas las comodidades posibles y si llega a obtener todo eso, después desea lujo, riqueza, poder, fama. Y aún después de obtener todo eso quiere dejar de trabajar, para disfrutar del resultado de su esfuerzo.

Conocemos personas que han obtenido una gran fortuna tan fácilmente que no la valoran y se dan el lujo de malgastarla. Luego, al verse otra vez en la miseria, optan por la salida falsa, porque piensan que es la única salida para evitar ser víctimas del señalamiento de una sociedad a la que nunca se acostumbró. Porque para acostumbrarse a vivir entre la sociedad (la verdadera sociedad) en la que no existen divisiones de raza, credo o posición económica, se necesitan principios y valores para poder ser aceptado y ser partícipe de los compromisos y beneficios que ello implica.

El compromiso principal en una verdadera sociedad es trabajar para beneficio de las personas que necesitan ayuda y esa ayuda se puede brindar si hay la suficiente buena voluntad para adquirir una buena preparación física y mental a través de capacitaciones. En el momento en que una persona comienza a ser útil a los demás, se da cuenta para qué sirve el conocimiento adquirido. También se da cuenta que si tiene dinero, ahora puede saber cómo usarlo, dando una poca de felicidad a las personas que reciben algo de él. Es ahí cuando experimentara la alegría de vivir y ya no sentirá ese vacío interno que antes sentía, ya no sentirá soledad porque siempre tendrá las imágenes de las personas que ha ayudado y que al recibir las bendiciones de ellas, todo su ser experimentara gozo, el cual transformará su rostro en uno capaz de trasmitir entusiasmo, alegría, confianza y paz.

Toda persona que salga a cualquier lugar, sea el día que sea, esté soleado o nublado, le vayan las cosas bien o mal, debe ofrecer una sonrisa, aunque sea leve, a cualquier ser humano que se encuentre a su paso. Debemos recordar que estamos hechos a semejanza del creador y que los demás no tienen la culpa de nuestros problemas. Después de todo, ¿por qué preocuparse de algo que tiene solución? Y si no la tiene, ¿servirá de algo preocuparse?

Las personas expertas en estas cosas nos dicen que cuando tengamos un problema, debemos conservar la calma y comenzar a buscar una solución. Para esto, tenemos que saber quién de nuestros amigos o familiares ha pasado por una situación similar a la nuestra y que la haya solucionado satisfactoriamente. También es importante que debamos estar dispuestos a hablar con la verdad, si es que la persona a la que nos dirigimos es de confiar, pues de lo contrario nos enfrentaremos a otro problema; que los demás se enteren de nuestro problema y lo entiendan de otra manera.

La mala interpretación de los problemas causa malestar a quien los está padeciendo, llevándolo al grado de la desesperación, y muchas veces lo que comenzó con un pequeño problema ahora es algo muy serio y muy difícil de remediar por la falta de tacto al exponerlo.

Cuando existe un malestar es necesario hablarlo con alguien. Muchas veces ese alguien no nos dará la solución para quitarnos ese malestar, pero con el simple hecho de hablar del mal que nos aqueja, viene la tranquilidad y podemos ver que lo que teníamos era un pequeño desequilibrio emocional. Otras veces después de hablar con alguien de un malestar, ese alguien nos platica que él está pasando por una situación peor que la nuestra y terminamos por darle consejos, lo cual también nos hace sentir bien. Y al estrecharnos las manos pareciera que todo ha quedado solucionado. Ésa es la verdadera sociedad, la que apoya, la que lucha, la que en momentos difíciles hace el bien sin mirar a quien, la que ofrece algo a cambio de nada.

CAPÍTULO 2

PERSIGUIENDO Y ALCANZANDO METAS

Un día después de desayunar, Leonardo le preguntó a Tadeo Morán que si había la posibilidad de incluir unos consejos útiles para los jóvenes que decidieran dedicarse a trabajar antes de terminar una carrera, y Tadeo Morán comenzó así:

"No sé si exista un manual que le diga al joven los pasos a seguir para ello, pero con base en mi experiencia, solo les puedo decir que existen pasos a seguir para poder desenvolverse en un trabajo mientras se consigue su meta. Esos son los siguientes:

1.- Saber quién quiero ser en la vida: Dónde estuve, dónde estoy ahora y a dónde quiero llegar. Para eso necesito saber quién fui, quién soy y quién quiero ser.

2.- Escoger un trabajo relacionado con la carrera que deseo estudiar. Si no encuentro el trabajo que deseo, estar atento a cualquier oportunidad que se presente y mientras tanto trabajar en lo que sea, me servirá de experiencia en el futuro.

3.- Hacer el trabajo que se me encomiende con amor y entusiasmo. Cuando hago el trabajo con amor y entusiasmo, la vida me sonríe y me siento útil sabiendo que en cada cosa que hago queda parte de mí.

4.- Aportar ideas sin esperar que sean aceptadas de inmediato. Eso llama la atención de los jefes ya que permite hacer una distinción entre los empleados. Existen infinidad de ideas para efectuar cambios, pues lo que funciona bien el día de hoy, podría funcionar mejor el día de mañana si se hace un cambio.

5.- Buscar la promoción. Una promoción siempre vendrá acompañada de un aumento de salario, pero se debe tomar en cuenta que es una responsabilidad para merecer dicho aumento.

6.- Evitar caer en la rutina. Después de hacer el mismo trabajo por mucho tiempo me convierto en un experto, pero debo de tener cuidado pues si siempre hago lo mismo, caigo en la rutina, y la rutina causa estrés en todo trabajador por mucha paciencia que tenga. Por eso debo buscar la manera de escoger otro trabajo diferente al que estoy haciendo, pues cuando las cosas son demasiado fáciles, se cae en el aburrimiento.

7.- Interesarse en trabajos que requieran usar imaginación y destreza. Como trabajador, adquiero conocimientos y experiencia en lo que hago y en lo que veo que hacen otros. Es ahí donde está la oportunidad de destacar aportando ideas, pero también estando seguro de poder hacerlas si me piden que las lleve a cabo.

8.- Dedicación y disciplina. Cuando se ha aprobado mis ideas, dedicarme y hacerlas poniendo todo mi empeño sin importar el beneficio que obtenga por ello, dicho beneficio vendrá cuando demuestre que dichas ideas funcionan.

9.- Mi responsabilidad me hace libre. Al efectuar mi trabajo con dedicación y responsabilidad, eso me da la ventaja de concentrarme en lo que hago. No debe importarme si los demás trabajan o no, me pagan por hacer mi trabajo, no por vigilar lo que hacen o no hacen los demás. Eso hace que me gane la confianza de los jefes y se olviden de mí sin que por eso yo abuse de esa confianza.

10.- Comenzar el día con entusiasmo y darle gracias al Creador al final de la jornada. Saludar y crear entusiasmo en mis compañeros de trabajo me hará sentir bien y el tiempo transcurrirá sin darme cuenta. Mi estado de ánimo se transmitirá a muchos.

11.- Ser cortés y educado con los jefes. Los jefes (líderes, supervisores, managers, etc.) son seres humanos que piensan, sienten y tienen sentimientos como todos. Por eso debo saludarlos y saber que tienen una responsabilidad que los hace tomar decisiones que a algunos no les agrada, pero que arriba de cada uno de ellos existe alguien a quienes tienen que entregar cuentas. Es una cadena de responsabilidades, por lo que nadie se escapa de rendir cuentas a alguien más.

12.- Saber pedir aumento. Esta es una de las partes más delicadas para llevar a cabo y para ello se debe tomar en cuenta algo muy importante: Cuándo lo debo pedir, cuánto quiero pedir y por qué lo quiero pedir.

Primero: Se debe buscar el momento adecuado para pedir dicho aumento. Por ejemplo, al iniciar el día, cuando la mente del jefe viene fresca y está de buen humor.

Segundo: Se debe saber la cantidad de aumento que se va a pedir, porque pudiera ser que el jefe pregunte cuánto quiere de aumento y con base a que pide dicho aumento, ahí es donde el trabajador deberá tener una lista de sus actividades. Regularmente los jefes hacen una evaluación y ofrecen de acuerdo a lo que creen que es justo.

Tercero: Si hay una negativa en ese momento, no molestarse. Se debe agradecer por el tiempo prestado y retirarse, el jefe lo pensara una vez más y buscara tener una plática con el trabajador, entonces es casi seguro que vendrá ese aumento.

13.- No ser conformista. Esto no quiere decir renegar. Se debe desarrollar el talento que se tiene y ponerlo en práctica. Poco a poco se irá descubriendo ese talento que se tiene.

14.- Dar apoyo a compañeros y jefes. Al apoyar a los compañeros de trabajo en lo que se puede, se crea un sentimiento de fraternidad en una compañía, ganándose la admiración y el aprecio de los demás.

15.- Considerar el lugar de trabajo un segundo hogar. Las labores del hogar son a veces similares a las del lugar de trabajo, la diferencia es que no se recibe salario alguno. Debido a que el mayor tiempo del trabajador la pasará en el trabajo, se debe buscar que siempre haya armonía en ese lugar, y no mezclar los problemas de la casa con los del trabajo y viceversa.

Si a través del tiempo se olvida el objetivo inicial de terminar la carrera que se tenía en mente, se debe estar convencido que el anclarme en un trabajo no será la causa de mi desesperación, frustración y enfado por no haberlo conseguido, pues siempre se debe luchar por lo que se quiere, evitando perder el enfoque que se tenía".

LAS MÁQUINAS DE MONEDAS

Cuando se tiene un enfoque hacia el punto que el ser humano desea ir, nunca por ningún motivo debe perderse de vista ese objetivo. Mientras se llega es desesperante saber que pasará mucho tiempo antes de lograrlo, pero ¿cuánto es mucho tiempo? ¿Por qué desesperarse sabiendo que se puede lograr? ¿Qué beneficios producirá esa desesperación? En este caso lo que se debe hacer es pensar que si existe un camino más corto para llegar, aún a costa de un tremendo esfuerzo, entonces sí se debe hacer, pero debe haber una seguridad.

Las personas que se colocan en un trabajo que les agrada comenzarán a hacerlo con excelencia para ganar credibilidad y confianza en todo lo que se les encomiende. Esas personas no tendrán ningún problema porque podrán disfrutar haciendo cada cosa que se les encomiende, pero si lo que haces no te agrada, debes buscar por todos los medios pedir estar en el lugar de tu agrado para que el tiempo no se te haga muy pesado y puedas sentirte bien haciendo lo que deseas hacer, en el lugar que deseas estar.

Muchas veces como trabajador, por muy bueno que seas en tu trabajo y por mucho que ames lo que haces, llega el momento del aburrimiento debido a que todo lo que haces parece tan sencillo que no te causa ningún placer hacerlo. Debes de saber que es el momento de despertar de ese letargo y empezar a hacer los trabajos más difíciles que veas que hacen los demás, eso te complicara un poco la vida, pero te hará ir en busca de algo nuevo. No importa dónde trabajes ni qué es lo que haces, siempre busca la manera de hacer algo más complicado cada día. Aparte de que los trabajos más complicados son los que te dan mejor sueldo y más satisfacciones porque te hace una persona capaz.

Siempre pon en tu mente que tú eres poseedor de una tarjeta para poder generar dinero y no tienes que ir a los casinos en dónde lo más seguro es que siempre perderás.

Esa tarjeta imaginaria es tuya, son tus cualidades, tu conocimiento y tu destreza para hacer las cosas. Es un Don que cada ser humano posee y que si lo sabe valorar, lo convertirá siempre en un ganador, donde quiera que vaya.

Esa tarjeta siempre encuentra una máquina de monedas que desde que la insertas en ella, las monedas comienzan a caer en un contenedor que se irá llenando lentamente o rápidamente de acuerdo a tu dedicación y del empeño que pongas en tu trabajo.

Esa máquina de monedas es la llave que te dan en tu trabajo para que registres la hora en que comenzarás a crear cosas que solo tú puedes hacer. Si pones atención, podrás escuchar la caída de las monedas que serán tuyas y si es en forma lenta, tú puedes acelerar ese proceso adquiriendo conocimiento de lo que haces, aprovechando cada oportunidad de adquirirlo cuando se presente.

Llegarás al convencimiento de que hagas lo que hagas, las monedas estarán cayendo en el contenedor que tiene tu nombre y cuando retires la tarjeta, las monedas dejarán de caer.

Nunca debes olvidar agradecer al Creador por todas las cosas, de que eres afortunado al ser portador de ella, porque él te tiene reservada otra tarjeta. Si deseas ir más allá en donde muchos seres humanos jamás se imaginaron que podrían obtener de su parte; una tarjeta que es capaz de depositar monedas en forma ininterrumpida, pero para eso se debe haber recorrido un camino difícil para poder merecer el privilegio de poseer dicha tarjeta. Esa tarjeta pondrá monedas en forma lenta y acelerada, no es una caída uniforme pero la ventaja de ello que puede hacerlo activando más maquinas que pondrán monedas para ti en todas partes del mundo de día y de noche, porque cuando aquí es de noche, en otra parte del mundo es de día y las máquinas de monedas comenzarán a ser activadas automáticamente.

Esa tarjeta especial de la que te hablo, solo la puedes obtener cuando estés preparado para saber manejarla y esa preparación la obtendrás durante el proceso que dure el trayecto que te lleve a alcanzar la meta si te lo propones.

¿Por qué debes estar preparado para saber manejar esa tarjeta especial? La explicación es simple: porque si la adquieres de inmediato te desviaría de lo que te has trazado ser en la vida y de todos tus proyectos con el deslumbramiento del poder, la riqueza y la fama que dañan a quien adquiere todo eso fácilmente.

En cambio cuando tu proceso es lento, mientras vas caminando te das cuenta que el Creador de todas las cosas te otorgaría ese privilegio si eres capaz de compadecerte del dolor humano, usando lo que posees para ayudar a los demás haciendo el bien sin mirar a quien.

Existen en el mundo personas que tienen ese don, los verás en muchos lugares y allí donde aparecen las noticias que se han llevado obras de caridad, ayudando en desastres naturales, alimentando a la gente que no cuenta con los medios para hacerlo y cooperando con labores humanitarias y con donaciones a veces estratosféricas que conservan en el anonimato. Pero recuerda que todo eso vendrá después que pongas interés en tu trabajo y que el fruto de él te sirva para poder impulsarte a hacer lo que te puede llevar a formar parte de esos seres que manejan esa tarjeta especial.

Si aún no tienes idea de cómo llegar a obtener una de esas tarjetas, solo te diré que muy pocos son los que lo logran. No porque sea imposible de obtenerlas, pues lo que es posible para algunos es posible para todos. La diferencia es que no todos están dispuestos a hacer lo que se tenga que hacer poniendo todo de su parte.

Solo el ser humano que es capaz de seguir unos lineamientos de conducta y de disciplinas como constancia y dedicación, y manteniendo el espíritu de lucha hasta llegar a la meta, lo logra.

Para eso, al inicio se debe tener la convicción de lo que se quiere y tener fe en que se puede lograr, pero eso solo se logra con la ayuda de los demás. Existen libros que te pueden guiar paso a paso cómo lograrlo. Así mismo, negocios de mercadeo en red que mediante membrecías te podrán llevar paso a paso tan rápidamente como tú lo desees para poder alcanzar la meta. Pero eso sí, deberás estar dispuesto a invertir, tiempo, dinero y esfuerzo. A más empeño, en más corto tiempo encontraras lo que deseas.

UN MENSAJE A LOS JÓVENES

Esa mañana al empezar a escribir, Leonardo le hizo una pregunta a Tadeo. Una pregunta que le vino a la mente después de que había escuchado a Tadeo decirle que el libro tendría un mensaje para los jóvenes. Y aunque Leonardo a sus 30 años no se consideraba joven, sí deseaba contribuir a orientarlos un poco. Él sabía que Tadeo había pasado por una etapa difícil, pues en una plática informal Tadeo le comentó que padeció de muchas carencias en su juventud y que de no haber sido por varias personas que lo ayudaron a encontrar la dirección de su vida, posiblemente el ya no existiera.

Tadeo comenzó a narrarle parte de su juventud: "En la etapa de mi juventud fue cuando, por causas de mi ignorancia, estuve muy desorientado a pesar de haber recibido una buena educación. Durante mi juventud, y parte de mi madurez, fui víctima de adicciones de las cuales me fue muy difícil salir, pero tuve que pedir ayuda y más que nada dejarme ayudar.

El orgullo natural de un joven que se cree capaz de todo y que ya no acepta consejos de nadie porque se siente dueño de la verdad, solo porque se cree inteligente y con la fuerza necesaria para salir victorioso de todos los problemas en los que se ve envuelto, lo hacen cometer error tras error.

Así me paso a mí, pero gracias a dios que hubo personas que me extendieron la mano para evitar que siguiera hacia abajo, en un terreno demasiado resbaladizo el cual lleva a una sola dirección, y esa dirección es el infierno. Ahí viven las personas que caen en cualquier tipo de adicción que no tiene retroceso y que en vez de dejarse ayudar para salir a flote, se llevan junto con ellos a víctimas inocentes, las cuales sufren las consecuencias de la ignorancia y la rebeldía de aquel que padece dicha adicción, pero que no desea aceptar que tiene que luchar y buscar por todos los medios por encontrar la solución a ese gran problema.

Esa desorientación llega cuando, por alguna razón, el joven no tiene la oportunidad de seguir el camino que se había trazado para llegar a la meta. Metas como: recibir un título universitario, tener una profesión perseguida para poder tener un lugar dentro de la clase acomodada o con recursos suficientes para darse el lujo de poder viajar y tener las comodidades que muchos de sus amigos profesionales tenían.

Una mezcla de frustración y dolor se apodero de mí cuando mis padres me dijeron que no podían apoyarme debido a la falta de recursos, pero que habría una oportunidad de seguir estudiando después, aunque fuera una carrera corta. Se me quedó grabada la mirada de mi padre y de mi madre; una mirada triste y de impotencia que buscaba en mí la comprensión para aceptar la realidad de la situación en la que vivíamos. Y no es que viviéramos mal, lo que sucedía era que en ese tiempo yo trabajaba y estudiaba para ayudar con los gastos de la casa y tenía dos hermanos pequeños que dependían de las entradas de dinero que aportábamos mi padre y yo.

Les dije que todo estaba bien, que no se preocuparan, que ya habría alguna oportunidad de estudiar más adelante. La respuesta de mis padres fue un abrazo, el cual agradezco porque el recuerdo de ese abrazo me hizo reaccionar en los momentos más difíciles de mi vida. Ese abrazo para mí fue la energía que hasta el día de hoy conservo y que me hace pensar que fue el regalo más preciado que pude recibir ese día.

Comencé a trabajar y después de que ganaba el dinero suficiente para poder sostenerme y ayudar a mis padres, me sentí autosuficiente y se me olvidó que debía seguir estudiando y que tendría que hacer un gran esfuerzo si es que deseaba obtener buenos resultados en mis estudios. Como no fue así, comencé a irme de parranda con mis compañeros de trabajo y me sumergí en una rutina en la que caen muchos de los jóvenes que se dedican a trabajar y no les importa el mañana, ni las metas que se han trazado.

Al sentirme libre de la vigilancia de mis padres, caí en la adicción del alcoholismo. Para ese entonces tenía un negocio que me daba lo suficiente para mantener a mi familia y emborracharme. Las ilusiones de mi esposa se esfumaron, ya no era el hombre cariñoso que ella conocía. Ya no era el hombre que la llevaba con orgullo del brazo, ya no era el hombre que juro protegerla, amarla y respetarla ante el altar de la capilla donde nos casamos. ¡No! Era un monstruo dañino, un ser despreciable que infundía miedo y que sufría una transformación en las noches cuando al amparo de las sombras caminaba en una forma grotesca causando miedo y lástima a la vez. Un monstruo sin voluntad que no podía evitar ser dominado por el espíritu del mal.

Mi esposa me preguntaba qué era lo que me pasaba, que en qué me había fallado, que por qué no era el mismo de antes; el que le llevaba serenatas, el que en los restaurantes le pedía al mariachi o a los tríos que le cantaran las canciones de su agrado y que le compraba ramos de flores. Y yo no sabía qué contestar. Solo me limitaba a decirle que me perdonara, que el control de mí mismo no estaba a mi alcance pero que haría lo posible por cambiar. Yo sentía que algo en mi interior que muy escondido me hacía daño, pero no estaba seguro de qué era. Aún con todo eso, mi esposa me amaba y yo sentía remordimientos cuando estaba en mi juicio y me convertía en el esposo cariñoso y amable que ella conocía y eso la hacía feliz.

Así paso el tiempo y ese fino hilo, tan delgado pero tan fuerte, que une a los seres que se aman, no resistió más y se rompió. La separación física no fue necesaria para que nuestras almas tomaran caminos diferentes. Mi esposa se refugió en su mundo, un mundo de dolor, de impotencia, de rabia, de frustración. Y al darme cuenta de ello busque la manera de cambiar, pues ya no me decía nada, ni me reprochaba nada, pero con su silencio me hacía sentir el más ruin de los hombres.

Un día que fuimos a la iglesia, la miré postrada de rodillas ante el altar. De sus ojos se desprendían lágrimas que corrían por sus mejillas. Yo no sabía qué hacer en ese momento, no fue sino hasta que salimos de ahí que le pregunté por qué lloraba y, aún con los ojos un poco enrojecidos, me dijo que le había pedido a Dios que me ayudara porque se daba cuenta que aunque yo hacia el intento por cambiar, no podía lograrlo. Además de que sabía que yo sufría por eso y que eso era más fuerte que su propio dolor. En ese momento la abracé y le dije que buscaría la manera de dejar todo en las manos de Dios y que ahora que la había visto llorar, no quería que volviera a hacerlo por mi culpa. La miré a los ojos y volví a ver a la mujer que Dios me había dado para que compartiera mi vida a su lado, vi lo hermosa que era, vi la obra de Dios en toda ella y supe desde ese momento que algo bueno vendría a nuestras vidas.

El milagro se llevó a cabo y me llegó la ayuda, la felicidad regreso a nuestro hogar. Me di cuenta que cuando hay buena voluntad, se logran muchas cosas. Supe que Dios nunca nos había abandonado, que yo me había alejado de él por mi inconsciencia y por mi ignorancia. Ya no había más pleitos, ni miedo, ni odio, ni rencor. Ahora solo había armonía, tranquilidad y paz.

Ahora sabía que mi juventud se había ido, la había desperdiciado inútilmente. Había llegado a la madurez rápidamente pero sabía que en cuanto tuviera yo la oportunidad de pasar un mensaje de vida y de esperanza a los jóvenes, no dudaría en hacerlo. Lo importante ya estaba hecho, alguien me había rescatado y devuelto a la vida, y ese alguien fue un conducto para que yo dejara de darle a mi familia una vida de miseria, de dolor, de muerte en vida, porque eso es lo que da un adicto a cualquier cosa que le haga perder el amor y el respeto de los demás.

Muy tarde comprendí que cuando se es joven, se tiene la idea de que se puede conquistar el mundo si uno se lo propone. Pero en esa conquista existen caminos en los cuales el joven se pierde y para encontrar la salida de ese laberinto, va a perder un tiempo valioso que jamás va a regresar. Porque nadie puede detener el tiempo y si eso fuera posible, la falta de experiencia de la vida en un joven lo haría desperdiciarlo creyendo que su juventud es para siempre".

En ese momento Leonardo levantó la mano pidiéndole a Tadeo una pausa para hacerle una pregunta: "Entonces, ¿cómo debería comportarse un joven para no sufrir en la vida? Tadeo sonrió y le contesto así: "Yo no digo que un joven no debe sufrir, lo que yo trato de hacer es que los jóvenes entiendan que el sufrimiento es parte fundamental para el crecimiento de las personas. El problema es cuando las personas hacen del sufrimiento una rutina y comienzan a sufrir por todo y por nada, y no conformes con sufrir ellos, hacen sufrir a los seres que están a su alrededor. A veces comienzan con los seres que más aman y continúan inyectando sufrimiento a toda persona que no esté preparada para detectar a esa clase de personas. Es como una droga la cual al ver el sufrimiento ajeno, les causa placer convirtiéndose en personas amargadas que se pasan con mala actitud de la vida, y nunca están conformes con nada.

Cuando hay personas que saben que todo ese mal puede ser transmitido y que puede causarles daño, se alejan de ellos y ésa es una buena medida. Otros por el contrario caen en el error de la confrontación y eso es lo malo, porque se cae en el juego de ese tipo de personas las cuales han convertido eso en un hábito para sentirse bien".

CORRIGIENDO ERRORES

"Pero, ¿por qué mi mensaje es especialmente para los jóvenes? Debo aclarar que un joven no necesariamente debe ser soltero para ser joven. Un joven puede ser una persona casada y que tiene una familia, aún a los 40 años puede considerarse joven. Después viene la madurez, hasta los 60 es cuando deberá aplicar todo lo aprendido, todo lo vivido, para poder guiar a los que confían en él, no para que no sufran tropiezos, sino para poder pasarles su experiencia vivida para que no tropiecen otra vez en lo mismo. Así quien lo escuche, podrá tener una vida mejor y quien no lo escuche, recorrerá el camino incierto sin esa luz de la experiencia que podría guiarlo a todas las metas que se proponga en la vida".

Leonardo le dijo: "Tadeo, yo sé que tu experiencia de la vida es muy valiosa para los que tenemos la creencia de que el hombre se hace sabio, no por lo que aprende, sino por lo que vive, pero toma en cuenta que los jóvenes de ahora viven en otra época muy diferente en la cual ha habido muchos cambios con respecto a la época en que fuiste joven". Tadeo sonrió otra vez y le contestó sin titubear: "Es cierto que fue otra época. Si tú ves los manuales de carros, de aparatos, etc. Muchos son anticuados, en ellos ha habido una infinidad de modificaciones, pero tienen la información básica, y lo básico es el cimiento del aprendizaje y la sabiduría. Cuando el ser humano cuenta con lo básico para poder vivir, puede irse adaptando a todos los cambios que haya que hacer en su vida, si está dispuesto desde luego a adaptarse a esos cambios. De lo contrario, es ahí donde comenzará el sufrimiento para él. Ésa es la razón por la que últimamente vivimos en un mundo en que los jóvenes no desean adaptarse a la situación en que viven, porque escuchan que: "Allá en aquellos tiempos la vida era mejor". Esa es la clásica plática de algunos ancianos cuando hacen la comparación de su época de jóvenes con la época de ahora. Si un joven piensa que en la época del abuelo todo era fácil, buscará por todos los medios la forma de hacerse la vida fácil, sin saber que antes deberá investigar para quiénes era fácil la vida en esa época. Ahí sabrá que la vida era fácil porque lo que aprendían de sus padres era que tenían que obedecer, callar, trabajar y ahorrar para después tener una pequeña fortuna para poder darse una vida de riqueza. Y esa riqueza consistía en tener al menos lo necesario para poder vivir más o menos bien".

SIN PERDER EL ENFOQUE

"Ahora, la mayoría de jóvenes buscan oportunidades para crearse un futuro brillante y muchos lo logran cuando tienen la visión de lo que quieren y están dispuestos a pagar el precio para lograr un sueño. Que el precio sea demasiado alto o demasiado pequeño, depende del tamaño del sueño que se tracen. A mayor sueño, mayor esfuerzo, mayor dedicación, perseverancia y una convicción de que pueden lograrlo. Para ello el joven deberá echar mano de todo lo habido y por haber, deberá planear cuidadosamente paso a paso qué es lo que deberá de hacer. Su enfoque deberá estar siempre en la visualización de lo que él será cuando consiga lo que desea. Nunca deberá dejar que nada lo distraiga ni lo desvié del camino, porque se le presentarán "oportunidades falsas" y deberá saber que son ilusiones que lo desenfocarán de su objetivo.

Escuché a uno de mis mejores maestros hablar de no perder el enfoque de un objetivo y ponía un ejemplo de los leones, el ejemplo comenzaba así:

El león es un animal depredador por naturaleza, considerado como el rey de los animales, pero cuenta con su aliada que es la leona y cuando tiene sus cachorros, a diferencia de otros animales, la leona es la que se va de cacería. Ella sabe que la supervivencia de sus cachorros depende de lo que pueda cazar ese día, y cuando pone sus ojos en su presa que es una cierva, no la pierde de vista. Mira todos los detalles de ella y, aunque este rodeada de otras ciervas, ella ha puesto sus ojos en una sola. Cuando inicia la carrera para cazarla, las demás ciervas corren enfrente de ella y casi se ponen a su alcance, pero ella sabe que si se distrae, comenzará a tirar zarpazos a diestra y siniestra, por lo que no podrá conseguir atrapar a su presa y esa oportunidad se le escapará. Así mismo, cuando el joven desea ser un profesional debe saber lo que quiere ser y no deberá dejar de tener en mente que si lo desvía algo que deslumbra, como es un acenso en su trabajo o conseguir un tiempo extra para generar más dinero, solo servirá para que se imponga a una forma de vida y caiga en un área de confort que lo hará desistir de la meta que se había trazado. Así que dejará esa meta para después, pero ese después nunca llegará y el resultado de ello será que se pase la vida añorando lo que pudo haber sido y no fue.

Llegará el momento que su vida se volverá vacía y la rutina lo ahogue. Ahí cuando busque salir de esa rutina, encontrará algo que le ayudará a aceptar ese modo de vivir. Esa ayuda se presenta en forma de reunión con los amigos, en los clásicos fines de semana para "descansar " con reventones, fiestas etc.

Hasta ahí todo está bien, porque las personas normales deben divertirse y disfrutar del fruto de su trabajo. El problema es cuando esas diversiones se mezclan con alcohol y drogas, y si a eso le agregamos la frustración del joven que no pudo lograr el objetivo que se había trazado, se abrirá un hoyo negro que lo empujará hacia el fondo sin que haya poder humano que le ayude a detener su caída. Y solo si toca el fondo del sufrimiento, podrá reaccionar si acepta que tiene un grave problema y que necesita ayuda para salir de él.

Pero, ¿por qué toco este punto durante las veces que nos hemos reunido para hablar de la juventud? La respuesta es que en la juventud está el futuro de las próximas generaciones y no debemos preocuparnos acerca de qué mundo le vamos a dejar a nuestros hijos, sino qué hijos le vamos a dejar a nuestro mundo para que haya armonía, paz, progreso y sobre todo para que las futuras generaciones sean capaces de conservar los valores humanos que tanta falta le hacen a la humanidad. Hacen falta para poder admirar la grandeza de todo lo creado, lo que podemos ver y sentir, lo que podemos crear y lo que podemos trasmitirles a los demás.

Si el joven desea desempeñar un trabajo, por humilde que este sea, se debe dejar que lo haga porque en el trascurso del desempeño del mismo, se dará cuenta si desea superarse con base al sufrimiento que experimente. En este caso si decide superarse, se le debe brindar apoyo hasta donde sea posible sin ponerle todo al alcance de él porque si todo lo encuentra fácil, no sabrá valorar lo que consiga cuando llegue a la meta. En cambio al brindarle apoyo nada más, la satisfacción de su meta lo convertirá en un joven útil y entusiasta capaz de entregarse por completo a su profesión, que al fin y al cabo es lo que él deseaba hacer y lo ha conseguido.

Cada vez que un joven se presente a un trabajo, con profesión o como un trabajador que no la tiene, debe estar consciente de que el trabajo que desempeñe deberá cuidarlo, siempre aprovechando las oportunidades que se le presenten de mejorar cada día, y aportando ideas, ayudando a los demás, entrenando personas y conservando y transmitiendo el entusiasmo necesario para aprender todo lo más que pueda. Porque llegará el momento en el que pueda perder su trabajo, pero si está preparado no tendrá miedo, pues sabrá que podrá obtener otro fácilmente.

UN VIAJE AL PASADO DE TADEO MORÁN

Eran varios días desde que Leonardo Moreno comenzara a escribir acerca de la vida de Tadeo Morán, y entre más escribían pareciera que estaba siendo absorbido por un gran remolino del cual no podía ni quería escapar, porque lo que estaba descubriendo en la vida de tan enigmático personaje, era algo que nunca había llegado ni siquiera a imaginar.

Leonardo era un hombre apasionado por su carrera y se sentía atraído enormemente hacia su obra que apenas estaba por comenzar, pues de antemano él sentía algo que lo empujaba más y más a cruzar esa cortina que cubría una historia, o posiblemente una leyenda. Una historia en la cual habría una mezcla de misterio, aventura y acción, porque adivinaba en la mirada de Tadeo Morán algo muy diferente a las demás personas que había entrevistado anteriormente.

Cada vez que se reunían, Leonardo observaba cuidadosamente a Tadeo Morán. Especialmente su mirada que era tranquila y con cierta humedad en los ojos. Eso lo notaba cuando salían a caminar rumbo al café donde pasaban muchas horas charlando como si se conocieran desde hace mucho tiempo atrás. Se diría que los empezaba a unir algo muy fuerte. Esa unidad era con base en que los dos estaban destinados a llevar a cabo una misión y esa misión, aunque ahora no sabían exactamente qué era, serviría para cambiar el curso de la vida de muchos seres humanos que están perdidos en el gran laberinto que forman los designios de la vida que cada ser humano trae consigo; que lo hace dar vueltas y vueltas en caminos que lo llevan muchas veces al mismo lugar, donde ha tropezado, donde ha sido golpeado, donde ha sido herido, donde muchas veces encuentra la muerte porque no ha podido encontrar la salida.

Esa salida que Tadeo Morán quería señalarles a los niños, a los jóvenes y a los viejos también, era porque muchas veces la vejez no va de acuerdo con el conocimiento. Muchas veces los viejos se equivocan porque creen que lo que a ellos les ha funcionado, les funcionará igual a los demás. Y eso es una grave equivocación porque cada vida es diferente, cada destino está marcado por el tiempo, el lugar y las circunstancias que el Creador le ha asignado a cada uno.

Leonardo Moreno sabía que si viajaba al pasado de Tadeo Morán, comenzaría la verdadera historia del gran personaje que había creado para su libro y que en esa forma él le daría vida aún después que Tadeo Morán se convirtiera en leyenda.

Cuando Tadeo Morán comenzaba a narrar algún pasaje de su vida, Leonardo ponía mucha atención en todo lo que veía que hacía Tadeo; un movimiento de las manos, cuando entrecerraba los ojos, cuando se le quebraba la voz por algún recuerdo o cuando sus ojos adquirían un brillo especial y su rostro se transformaba en el rostro de un adolescente. Leonardo Moreno comenzaba a saber de la vida, supo desde ese momento que si el ser humano supiera manejar sus emociones, podría llevar a cabo la transformación que necesitan los seres humanos para prolongar su estado de su juventud. Y así cualquier humano que se dedicara a la búsqueda de un secreto milenario de la eterna juventud, sabría que la fuente que tanto han buscado está en el interior de uno mismo para vivir joven para siempre. "Por siempre joven".

CÓMO VIVIR EN PAZ

"En el mundo en el que vivimos existen reglas impuestas por los seres humanos; reglas que deben respetarse a sabiendas que de no hacerlo existen castigos de acuerdo a las faltas que se cometen. Desde la pena mínima hasta la pena máxima. La mínima, con una simple llamada de atención y la pena máxima conlleva a la pérdida de la libertad de por vida o la muerte en un caso extremo.

Así mismo, existen reglas del universo que si el ser humano estuviera dispuesto a seguirlas al pie de la letra, su vida sería parecida a la vida que tuvieron los que iniciaron la creación antes de su desobediencia. El universo nunca se equivoca, aún cuando desencadena la furia de sus cuatro elementos de vez en cuando, existen épocas en las que la quietud es tal que podríamos compararla con el alma de quien está en paz con Dios, con la naturaleza, pero también consigo mismo.

Si el ser humano fuera capaz desde el inicio de su vida de conservar la limpieza de su mente, dedicándose paso a paso por el camino que debe seguir, podría disfrutar de todo lo que Dios creó para él. Pero la desobediencia, como siempre, desde el inicio de la creación ha sido la que desencadena todos los males habidos y por haber. Las excusas de la mayoría de la gente son en apoyo a la falsa idea de que no puede resistirse a la tentación de quebrar las leyes porque las leyes siempre prohíben sin dar una clara explicación de por qué no se debe hacer tal o cual cosa. Y cuando se dan cuenta de que sí hay una explicación simple, es demasiado tarde. Entonces las consecuencias de ese rompimiento con las leyes establecidas es desastrosa y en la mayoría de los casos no hay marcha atrás. Muy tarde se da cuenta de la realidad y es doloroso ver como muchos jóvenes, que tenían un brillante porvenir, truncan sus sueños al ser cautivos de sus bajas pasiones que los llevan a las gradas de la locura y de la muerte.

La decepción y la impotencia de unos padres que esperaban con ansia que su hijo creciera para que fuera alguien en la vida y que ahora que ha crecido y lo miran deambulando por la calle o que solo les queda el consuelo de llevarle flores y depositarlas sobre una fría lápida, sabiendo que jamás podrán volver a sentir el calor de un cuerpo que los hacía felices al saber que ahí se había manifestado la obra del creador, no puede explicarse con palabras. Solo quien ha vivido esa clase de experiencias en carne propia, puede entenderlo.

Es por eso que deseo aportar un poco de mi experiencia, que aunque no produzca resultados de inmediato, llegará el día en que los seres humanos sepan que para lograr la tranquilidad, la paz y la armonía, no existen barreras que no puedan ser derrumbadas cuando hay el firme deseo de lograrlo" afirmó Tadeo Morán.

CAPÍTULO 3

EL PASADO DE TADEO MORÁN:

JUEGOS DE NIÑO, ELIXIR REGENERATIVO, EL JUEGO DE CANICAS, LA CUEVA DEL ENCANTO, LA ALFOMBRA DE DIAMANTES.

Leonardo se presentó en el pequeño restaurant en el cual tomaban un pequeño refrigerio cada vez que se reunían para la elaboración del libro. La pluma del escritor se movía a una velocidad increíble tomando apuntes y ayudado por una pequeña grabadora que hacía funcionar cuando consideraba que debía darle un descanso a su mano. En esa ocasión viajarían a conocer el pasado de Tadeo. Un pasado alegre, triste, de éxitos y fracasos, de carencia y de abundancia, de risas y de llanto, de angustia y de calma.

En este regreso al pasado, habrá dos páginas muy importantes en la vida de Tadeo, esas páginas le servirán a Tadeo para poder tomar la dirección de su vida por el mensaje que contenían esos recuerdos.

Un día Tadeo Morán tuvo la oportunidad de aprender de un gran maestro algunos secretos acerca de la vida y de la muerte. A Tadeo le interesó tanto conocer esos secretos, que se pasó varios días escuchando y enfocando toda su atención en lo que el gran maestro le compartía.

El gran Maestro comenzó así:

"La vida de cada ser humano viene diseñada por el Creador de todas las cosas, para que viva por siempre disfrutando de los dones que le fueron concedidos aún antes de nacer. Pero esos dones se pierden con el paso de los años porque, aun antes del nacimiento de ese ser humano, puede haber sucesos que le impidan conservarlos. Así como en el inicio de la creación el primer hombre hecho de barro en cuanto recibió el soplo divino comenzó a disfrutar de todas las cosas que tenía alrededor suyo y lo perdió todo por desobediencia, así el ser humano de hoy en día lo pierde todo por seguir desobedeciendo unos principios a seguir.

Si fuiste depositado con amor en ese maravilloso molde de una mujer que te recibió con amor, te acarició a través de las finas paredes del recinto celestial que es el vientre materno y el cual era tu mundo, un mundo al que te comenzaste a acostumbrar porque no hay en el mundo nadie capaz de diseñar algo que se pueda igualar a él, entonces serás siempre un triunfador.

Igualmente, si tus padres te dijeron que te esperaban con ansia para poder tocar tu piel, sentir tu calor y darte ese calor de padres que es tan necesario para que el pequeño ser se sienta protegido y comience a crecer sintiendo ese apoyo que lo llevará a conseguir todas las metas que se proponga en la vida, entonces tú serás siempre un triunfador.

Pero si por el contrario fuiste un hijo no deseado, si tu madre, aunque no lo haya dicho, pensó que ibas a ser una carga para ella, tendrás en ti un impacto negativo causado por el rechazo y abandono aún antes de nacer.

Cualquiera que haya sido tu situación, buena o mala, ahora depende de ti poner las cosas en el lugar donde corresponden porque cuando se es niño, siempre se buscan escusas para todo. Pero ahora, ya consciente de lo que es bueno y lo que es malo, a ti te toca decidir qué en realidad deseas para el futuro que te espera. Recuerda que es tu futuro el que está en juego por ahora, pero después será el futuro de los seres que amas. En tu vida y en tu muerte, Dios decide, pero vivir bien o vivir mal, tú decides.

Así comenzó mi vertiginoso viaje hacia el pasado, en el cual me vi a los tres años sentado enfrente de mi madre mientras ella le preparaba tacos a mi padre. Él en la mayor parte de su vida se dedicó al campo. Era muy trabajador y mi madre lo apoyaba levantándose a las cuatro de la mañana para hacerle tortillas en el comal. Al sentir que se levantaba mi madre, yo hacía lo mismo y me sentaba frente a ella envuelto en una pequeña cobija que me protegía del frio de la madrugada.

Siempre viene a mi mente esa imagen de mi madre, sentada frente a la hornilla de la cual salía un resplandor que me permitía ver su cara aún joven y hermosa. Una hermosura natural, pues en aquella época posiblemente ya existían los cosméticos para las mujeres, pero la gente humilde no tenía las posibilidades de darse el lujo de comprar esas cosas y aunque las tuviera, no se acostumbraba usar ese tipo de lujos.

Recuerdo que ella se me quedaba viendo y me sonreía mientras tomaba una tortilla del comal y la mojaba con "machiguas"; una mezcla de agua y masa de maíz. Luego le ponía un poco de sal, la apretaba fuertemente con una mano y me la daba aún sin enfriar, y yo veía cuanta felicidad se reflejaba en su rostro cuando yo comenzaba a saborear aquel delicioso manjar.

Muy tarde supe que los episodios de nuestra vida jamás se podrán repetir. Si eso pasa será muy diferente la sensación, pues los sentimientos se viven solo una vez, en cada lugar y en cada momento. Lo que sí es seguro es que hay sentimientos que quedan impresos para toda la vida y de esas impresiones agradables es de donde se alimenta toda la energía posible para darle gracias al Creador de todas las cosas habidas y por haber. Gracias Padre mío por ser y estar en este maravilloso mundo que comparto con los demás.

Caminando en el tiempo, como si hubiera cuadros que lo dividieran, llego a la edad de cinco años y escuché llantos y gritos. Cuando me asomé al cuarto de mis padres, los vi discutiendo acaloradamente. La impresión que me llevé en ese instante fue como cuando una cámara fotográfica dispara el flash iluminando una escena grotesca, una escena que quedaría impresa en mi mente y, que como una semilla malévola, comenzaría a crear un daño muy difícil de sanar.

La siembra de plantas venenosas seguía llenando ese lugar escondido que todos tenemos, el subconsciente, y cada vez que escuchaba llantos y gritos, mi mente de inmediato sacaba a relucir la escena que se había enraizado más y más, y de no haber sido porque llegó la navidad, bendita navidad, ahora sé que Dios en su sabiduría Infinita, puso una escena muy diferente, para que yo pudiera diferenciar lo bueno de lo malo.

La mesa estaba puesta, lucía muy bien con un mantel color guinda con bordados blancos, un círculo blanco en el centro y un pequeño candelabro dorado que sostenía una vela amarilla grande y dos más pequeñas a los lados. Cuando me acerqué y le pregunté a mi madre él porqué del color de las velas, ella me explicó que el color amarillo significa "esperanza". Después supe que mi madre tenía la esperanza que mi padre cambiara en muchas cosas, especialmente en lo enamorado. Sin saber a qué se refería, le dije a mi madre que todo iba a estar bien. Mi madre me miró sonriendo y guiñando un ojo me contesto: "Espero en Dios que así sea".

Mi padre llegó acompañado de algunas amistades y pregunto por mi madre. Yo le dije que había ido a cambiarse de ropa, acto seguido, mi padre me presentó con sus amistades y la mayoría coincidió en el parecido que tenemos, a pesar de la diferencia de edad y estatura, era sin lugar a dudas una copia de él mismo.

¡Ahí estaba! , mi madre apareció saludando a todos y yo corrí a su encuentro, ella me levantó y me abrazó, dándome un beso en la mejilla. Acto seguido me dio una palmadita en la espalda y me dijo que me fuera a jugar con mis hermanos. En ese tiempo yo tenía dos hermanos menores y dos mayores, por lo que nunca me hizo falta con quien jugar y aunque a veces peleábamos, siempre terminábamos dándonos un abrazo después de algunas horas, porque en la niñez no hay rencores prolongados.

La Noche Buena fue la unión familiar por décadas, porque en esa fecha cada uno de nosotros buscábamos la manera de perdonarnos y en el abrazo pedir y otorgar perdón por las ofensas. Cuando mi padre abrazó a mi madre, los vi sollozar y pedirse perdón por las ofensas durante el año y prometerse no ofenderse más. Mis hermanos y yo nos unimos a ellos y nosotros también nos pedimos perdón.

Para reforzar las promesas vino el año nuevo y entre los deseos al brindar, se escuchaban las campanadas que anunciaban la llegada de un año nuevo lleno de esperanza y alegría, y otra vez vi a mis padres abrazarse y pedir cosas buenas para todos, y yo sentía tanta armonía, que esa casa que a veces se veía sombría y triste, en esas fechas se llenaba de luz.

Después de muchos años comprendí que esos recuerdos me ayudaron en la vida y me hicieron ver que el mundo es hermoso cuando nosotros creamos ese paisaje, con todos los matices que se necesitan, para que el ser humano sea capaz de agradecerle a Dios por ponernos en un mundo tan maravilloso del cual cada uno es dueño. Pero existe una condición; que se le debe de dar valor a ese mundo para poder disfrutarlo en toda su plenitud, esforzándonos en seguir unos lineamientos de la vida que no son tan fáciles de llevar a cabo, pero que siguiéndolos, podemos obtener los resultados que tanto esperamos. A veces los buenos resultados llegan de inmediato y a veces tardan en llegar. Lo que sí es seguro que el resultado será de acuerdo al trabajo que hagamos.

Continuando en el tiempo, me miré a los diez años en el pizarrón del salón de clases de mi escuela. Había competencia para saber quién del grupo iría a competir a la cabecera municipal en lectura, escritura y conocimientos de toda la enseñanza en la capital del estado. Puedo asegurar que, a pesar de ser el mejor de los alumnos de mi clase, las manos me sudaban y sentía un tropel de caballos dentro de mi pecho cuando pasé a competir.

Al escuchar mi nombre como ganador del concurso en cada uno de esos lugares, así como el aplauso de los allí presentes, la emoción me invadió. Igualmente en mi salón de clase, mis compañeros me aplaudieron y eso me empezó a preparar para experimentar el sabor de la victoria. Nunca me pasó por la mente el dolor que se experimenta cuando se obtiene un fracaso, para eso no estaba yo todavía preparado.

Recuerdo que el año siguiente mi maestra me dijo que habría otro concurso y esa vez no estudié, mi exceso de confianza era tal que pensé que fácilmente podría ser el ganador de ese concurso. Me confié demasiado cuando mis compañeros me palmeaban la espalda, diciéndome que yo era el mejor de la clase, así que no me preparé.

Cuando estuve frente al examen, mi mente se bloqueó y no sabía las respuestas correctas. Sudaba frio y después sentí calor. Me puse muy nervioso y comencé a poner respuestas equivocadas. Se terminó el tiempo y, aún sabiendo que había contestado mal la mayoría de preguntas, todavía quedaba en mí la esperanza de que los demás concursantes hubieran fallado más que yo.

Cuando dieron los resultados, fui escuchando detenidamente los nombres de los ganadores de tercero, segundo y primer lugar. Mi nombre no fue pronunciado y, avergonzado pensé que todos me miraban y se reían de mí. Miré a mi maestra y, con la cara roja de vergüenza, sentí su mirada fija en mí con una mezcla de amargura y decepción. Después se perdió entre la gente y yo me fui a un rincón del edificio y lloré en silencio. Deseaba hacerlo gritando, pero tuve que reprimir ese deseo y solo rodaron unas lágrimas por mis mejillas. En ese momento escuché una voz tranquila que me dijo: "Tómalo con calma hijo, aún hay muchas más oportunidades, la vida no termina aquí". Giré mi cabeza y miré a un anciano que me ofreció un dulce de café con leche y extrañamente mi frustración desapareció. Luego sonreí cuando el noble anciano puso su mano sobre mi cabeza y me dijo: "Tuviste una muy buena lección este día, mejor que si hubieras sido el ganador del primer lugar. Si sabes aprovechar esta experiencia, de hoy en adelante siempre serás un triunfador en todo lo que te propongas".

El problema más grande que tiene el ser humano es que cree que cuando obtiene un triunfo, siempre será un triunfador en todo lo que se proponga. Pero cuando tiene un fracaso después de un triunfo, siente que el mundo se le viene encima. Esa forma equivocada de pensar es lo que le hace cometer infinidad de errores, por eso después de mucho tiempo comprendí que se aprende de los errores cometidos, porque los convertimos en experiencias vividas. Así mismo los fracasos nos enseñan que es necesario caernos una y otra vez para llegar a comprender que como seres humanos tenemos que caminar por senderos escabrosos, y que al final podremos disfrutar de lo bueno y de lo malo que encontramos en nuestro camino, pues el éxito no es tan solo llegar a la cima sin tropiezos, el éxito consiste en oír, mirar y sentir. Y cuando se juntan esas tres cosas en una experiencia, podremos decir que nos hemos realizado como seres humanos.

Cuando llegué a mi casa, mi madre me preguntó que cómo había salido en el concurso y yo le contesté que mal, pues pensé que si le mentía de todas formas ella lo iba a saber después. Pensé que me iba a regañar pero no fue así, por el contrario, ella me dio un abrazo muy fuerte y me dijo: "Lo importante es que concursaste y no importa el motivo por el cual no ganaste, para mi tu eres el ganador y siempre lo serás". ¿De dónde sacó mi madre esas palabras? aún no lo sé. Mi madre no sabía leer ni escribir en ese entonces. Después comprendí que hoy en día se usan esas palabras para formar campeones, inyectándoles confianza en su autoestima para hacerlos vencedores.

Aunque las palabras de mi madre me hicieron mucho bien, aún así sabía que ya nada sería igual después de aquella amarga experiencia. Por muchas noches soñé que mis compañeros se burlaban de mí y que me lanzaban lodo a la cara, tenía pesadillas y despertaba sudando con ojeras marcadas por los desvelos.

Fue una suerte que después del día del concurso saliéramos a vacaciones, de lo contrario habría tenido que soportar la burla de mis compañeros de clase. Igual tenía miedo de regresar a la escuela cuando terminaran las vacaciones. Recuerdo que era un día lunes cuando me fui a la escuela, tenía que caminar un poco, pero las calles se me hacían solitarias a pesar de que a esa hora de la mañana debería haber mucha gente caminando por ahí.

Al doblar la esquina supe la razón de por qué no había gente en esa calle, todos habían ido al zócalo del pequeño poblado a escuchar a un anciano que hablaba ante la muchedumbre. Se le notaba el esfuerzo que hacía para hacerse oír, pues la mayoría se reía de sus palabras, y el que no se reía comentaba con las personas que tenía al lado que el anciano estaba loco y que habían ido ahí solo por curiosidad. Yo lo reconocí de inmediato y corrí hacia él para saludarlo. Era el mismo anciano que me encontró llorando en el rincón del edificio de la escuela donde fue el concurso.

La gente dejó de hablar y de reír pues no se explicaban cómo es que yo lo conocía si nunca lo habían visto en el pueblo. De pronto me rodearon y comenzaron a preguntarme: "¿Cómo lo conoces? ¿De dónde es? ¿Quién es?" Casi les grité que para que supieran quien era, primero tendrían que preguntarle a él y que por educación debería guardar silencio mientras él hablaba. Se hizo un silencio en el cual se podía escuchar hasta el vuelo de una mosca. Entonces el anciano comenzó a hablar y su voz se escuchó con fuerza y dijo: "Sé que tienen muchas preguntas y también sé cuáles serán. Podríamos pasar días y días hablando y nunca terminarían las preguntas que cada uno de ustedes tiene en mente. Preguntar no es malo cuando es para obtener un beneficio, pero deben tener cuidado con las preguntas que hagan porque hay algunas que son por pura curiosidad y pueden hacer daño. Las personas que hacen preguntas buenas pueden convertirse en personas ricas en conocimiento si obtienen la respuesta adecuada. Las personas que hacen preguntas solo por curiosidad, no sabrán apreciar la respuesta aunque sea la adecuada. Pero la persona que haga una pregunta con la intención de hacer daño, sufrirá la consecuencia de su mala acción".

Casi toda la gente se retiró de inmediato y los pocos que quedaron se acercaron al anciano, quien con una amable sonrisa los animó a hacer las preguntas que desearan.

Cuando la gente se retiró me di cuenta de que se me había hecho tarde para entrar al salón de clase y fue cuando el anciano se percató de mi presencia, y como si leyera mi pensamiento me dijo: "No te preocupes, todo lo que viste, oíste y experimentaste, te servirá en el futuro. Vamos, te llevaré a la escuela. Confía en mí, la maestra comprenderá."

Así que entramos en la escuela y el anciano fue a hablar con la maestra. No sé qué le diría, pues la maestra llegó a donde yo estaba, me dio un abrazo, un beso en la mejilla y me dijo que entrara al salón cuando me llamara. Cuando lo hice no podía creer lo que estaba viendo, un gran letrero en el pizarrón que decía: "Bienvenido Tadeo, Un campeón tendrá tropiezos pero no dejará de ser campeón. Ya habrá otra oportunidad".

Miré a todos mis compañeros de clase y ellos me dieron un fuerte aplauso. Yo estaba muy emocionado, así que les di las gracias. Comprendí que yo estaba equivocado al pensar que se burlarían de mí. Uno a uno me estrechó la mano y les prometí que de ahora en adelante pondría todo mi empeño para representar dignamente a mi escuela. Acto seguido, salí del salón para agradecerle al anciano por todo lo que hizo por mí, pero no lo encontré. En eso, un alumno de otro salón me dio un papel que el anciano me había dejado y en él decía: "En esta vida los fracasos, para luchadores como tú, son trampolines que los impulsan en las metas que se propongan. No te librarás tan fácilmente de mí porque yo soy un descubridor de talentos, y por lo visto tú naciste con ellos. Tú aprenderás a usarlos ¿cuándo? lo sabrás a su tiempo. Hasta pronto".

Cuando llegué a mi casa, mi madre notó mi alegría y dándome un abrazo me preguntó que cómo me había ido. Sonriendo le dije que había sido un día maravilloso pero que me sentía cansado y me iría a dormir. Así hice y mi sueño fue profundo, como si flotara en algo suave, muy suave. Caminaba entre hermosos jardines mientras escuchaba el murmullo del agua de un riachuelo y me deleitaba con la brisa que emanaba de él.

No sé cuántas horas dormí. El caso es que al despertar, mi madre ya tenía listo mi desayuno. Así que desayuné rápido, le di un beso en la mejilla y me fui corriendo a la escuela. Comprendí que volvía a mí el entusiasmo por la vida, por el estudio y por la lucha diaria. Ahora estaba preparado para aceptar el reto de la vida diaria, la cual nos empuja cada día a lograr metas. Esas metas que para muchos quedan truncadas porque en la vida hay solo dos caminos, o luchas para conseguir lo que deseas, o te dejas arrastrar sin hacer el intento de lograrlo.

JUEGOS DE NIÑOS, ELIXIR REGENERATIVO...

"EL JUEGO DE CANICAS"

Ese día disfruté de la clase como nunca y había hablado con mi madre para que me diera permiso de llegar tarde, pues siempre que pasaba frente a mis compañeros de clase, quería jugar canicas con ellos, y yo me consideraba diestro en ese juego. A pesar de que tendría que enfrentarme contra jugadores demasiado buenos, había practicado varios días con una bolsa de canicas de varios colores que me había comprado mi madre. Debido a que eran canicas baratas, se quebraban fácilmente.

Después mi madre me compró unas canicas de cristal, las cuales me causaban una sensación de júbilo cuando las tenía entre mis manos. Ella me dijo que se sentía feliz porque yo era feliz. Más tarde comprendí que cuando tú contribuyes para que alguien sea feliz, el universo te premia haciéndote feliz también a ti.

Cuando estuve entre los jugadores miré el montón de canicas y deposité las mías. Éramos varios jugadores y uno a uno iba siendo eliminado. Las canicas serían del que resultara vencedor. La canica del contrincante debería ser golpeada y el tiempo pasaba sin que mi contrincante me eliminara o yo a él. Para evitar el toque poníamos la canica o "tiro" protegida detrás de una piedra o pedazo de madera. Había pasado más de una hora y pensaba en que ya iba a ser hora de regresar a casa. Mi contrincante en ese juego comenzó a desesperarse y me dijo que de seguir así, deberíamos repartirnos las canicas pero que el que deseara retirarse primero, solo le tocaría la tercera parte. Como no estuve de acuerdo, el juego continuó.

Mi contrincante escondió su canica detrás de una piedra no muy grande, pero si lo suficiente para que yo no pudiera tocarla. Él sabía que si yo lanzaba la canica tratando de pegarle, quedaría al descubierto y fácilmente me ganaría el juego. Pero de pronto tuve una idea, ¿de dónde provino? aún no lo sé, pero parecía como si alguien hiciera un trazo en forma de curva. Sin pensarlo dos veces, lancé la canica hacia arriba, por lo que todos los niños que estaban atentos al juego se quedaron asombrados cuando se escuchó el chasquido al ser golpeada la canica de mi contrincante. Tadeo hizo una pausa y le dijo a Leonardo.

Quizas te preguntes; ¿por qué perder el tiempo contando juegos de niños, en vez de enfocarnos en cosas más importantes? La razón es que lo fundamental en la vida no son las cosas extraordinarias que se nos presentan en muy raras ocasiones, ¡no! Lo fundamental en la vida es la forma sencilla de ver la vida, pero que deja huella cuando se es pequeño. Lo demás se adquiere con el tiempo y nos lleva paso a paso sin descuidar los pequeños detalles que nos causan felicidad. Despues de esta pausa continuo.

Mi felicidad parecía no tener límite. Cuando todos los niños que observaban el juego gritaron, experimenté el sabor de la victoria, del triunfo, del éxito. Solo corrí a donde estaban las canicas, las tomé entre mis manos y me las metí en las bolsas de mi pantalón. Se me olvidó mi contrincante, se me olvidó que sin él, yo no hubiera ganado, porque para que haya un ganador debe haber un perdedor.

Miré a mi contrincante, y en su mirada regresó a mí la sensación del fracaso que tuve en el concurso; lágrimas en los ojos y hombros caídos. Acto seguido, agachó la cabeza y dio la media vuelta para retirarse y casi gritándole dije: "¡Espera! No te vayas aun". Él me miró sorprendido y vi en sus ojos la sorpresa cuando saqué un puño de canicas de la bolsa de mi pantalón y se las ofrecí diciéndole: "Tú también eres un ganador. Toma, te las mereces". Todos los niños presentes le aplaudieron y, él con lágrimas en los ojos y por la emoción, me dio un abrazo. Ahí me di cuenta que tenía un amigo más, convirtiéndome ese día en un doble ganador. A lo lejos miré al anciano que apenas alcance a distinguir y, aunque la distancia era mucha me pareció verlo sonreír. Él supo que mi camino comenzaba a ser el camino que necesitaba para ser un ejemplo en la niñez, y que él, a su manera, era mi guía para que yo a la vez comenzara a guiar a otros niños".

En esta parte que Tadeo Morán narraba, nuestro escritor estudiaba la transformación de Tadeo, pues al observar cuidadosamente vio que las arrugas de su cara habían desaparecido. Pero no quiso interrumpirlo, miraba sosegadamente el brillo de sus ojos y también noto la diferencia de cómo la mayoría de las canas que surcaban sus sienes, habían adquirido un tinte oscuro. Paró dicha observación cuando Tadeo le dijo: "Mañana continuaremos con el proceso de rejuvenecimiento, por ahora solo puedo decirte que si has observado algo y tienes preguntas, estoy a tus órdenes. Lo importante es que descanses pues te veo agotado. Pero no te preocupes, tú también puedes hacer lo mismo que yo cuando estés preparado".

Era algo increíble, pero en ese momento comprendió que Tadeo Morán había recobrado demasiada vitalidad al grado que se miraba más joven que él a sus treinta años.

Eran las ocho de la mañana, el día estaba soleado y la gente de la pequeña población se dirigía a sus labores. Leonardo Moreno y Tadeo Morán se disponían a desayunar en el pequeño restaurante. Vanessa estaba a un lado de Leonardo. Tadeo miró a Vanessa y después miró a Leonardo y le dijo: "¡Cuán afortunado eres!". No sabes cuánto me alegra saber que tú no cometerás el error que yo cometí con mi esposa. Sé que serán muy felices porque veo que se aman, pero además porque tú tendrás el conocimiento necesario para saber cómo comportarte con ella". Con esas palabras, Vanessa se sonrojó un poco y agradeció a Tadeo Morán.

Después de desayunar, Vanessa se retiró dándole un beso en la boca a Leonardo y un beso en la mejilla a Tadeo. Leonardo notó cómo los ojos de Tadeo se humedecieron, pero no hizo ningún comentario. Solo imaginó lo que podía pasar por la mente de Tadeo al recibir un beso de agradecimiento de alguien que pudiera ser como su hija, quienes por circunstancias del destino casi lo tenían olvidado.

"LA CUEVA DEL ENCANTO"

Leonardo se preparó para comenzar a escribir y también reviso su pequeña grabadora, pues cuando llegara a su casa debía escribir lo que grababa, mientras agregaba notas que le parecían importantes. Mientras escribía, la mesera del pequeño restaurante se acercó a ellos. Era hermosa, su piel tan blanca le recordaba a Tadeo a su esposa que había fallecido hacía tiempo.

Sus hermosos ojos verdes parecían esmeraldas incrustadas en un rostro perfecto. Por un momento sus ojos se posaron en el rostro de Tadeo y Leonardo notó la turbación porque no sabía qué hacer. Solo fueron unos instantes, cuando Tadeo reaccionó casi balbuceaba: "Un té por favor". ¿Y para usted? Esta vez se dirigió a Leonardo, "Yo también quiero un té" respondió él. ¡Sofía! le gritó la dueña del lugar que con voz altisonante la apuró para atender a los demás clientes.

Leonardo Moreno observó el semblante de Tadeo Morán, el cual muy levemente movió la cabeza. Acto seguido, se paró y fue a hablar con el dueño del restaurante que estaba sentado a un lado del mostrador. No fue mucho el tiempo que estuvo hablando con él y cuando regreso se sentía más tranquilo. Leonardo Moreno imaginó de lo que habló, pues sabía que Tadeo Morán odiaba la injusticia y confiaba en que no habría nada en el futuro que provocara un cambio en la armonía que debería reinar en cada restaurante. Menos aún donde hubiera una reunión con el fin de ayudar a la planeación de un cambio para la humanidad.

Cuando la mesera regresó con una jarrita de aromático té, preparado por ella misma, se acercó a Tadeo Morán y con tono suave en su voz, le dijo: "Lo miré cuando fue a hablar con mi patrón. Tuvimos una conversación de unos cuantos minutos pero fueron suficientes para que la señora se disculpara conmigo. Me prometió que nunca más me llamará la atención mientras trabaje para ellos. Lo mejor de todo es que me aumentarán el sueldo, no me dijeron por qué lo hacían, pero estoy segura que fue su intervención la que hizo que las cosas tomarán ese curso. Que dios lo bendiga, no sé cómo expresarle mi agradecimiento pero tenga la seguridad de que cuantas veces venga a este lugar, encontrará la mejor atención de mi parte".

Tadeo Morán solo se limitó a estrechar la mano de Sofía y agradeció sus palabras. Él sabía que siempre hay algo que hacer y que cambiar cuando se tiene la voluntad de hacerlo. Miró a Leonardo que ya estaba listo, él asintió y Tadeo Morán comenzó su relato de "La Cueva Del Encanto".

"Antes déjame explicarte por qué le llamaba la cueva del encanto. Esto se debe a que cuando mis amigos y yo fuimos a bañarnos a un riachuelo en las afueras del pueblo, encontramos que en una caída de agua, como de seis metros, había una posa grande y que a pesar de que el agua remolineaba, no había peligro de ser absorbido por ella. Mi curiosidad por saber qué había en el fondo me hacia zambullirme y como el agua era cristalina, podía abrir los ojos e inspeccionar si había peligro a la hora de brincar desde arriba, ya sea parados o de clavado.

Nos acostumbramos tanto a la posa que formábamos equipo para mantenerla siempre limpia, pero había algo que llamaba mi atención, ese algo era la cortina de agua que se formaba en la caída. Era como un imán para mis ojos y siempre me preguntaba qué podría haber detrás de ella, pero aunque la curiosidad era mucha, no me atrevía a explorar. Una noche mientras dormía, en mi sueño vi que me paraba frente a la cortina de agua y que cruzaba hacia adentro y encontraba una cueva. Mi madre me dijo al otro día que escuchó risas en mi cuarto, pero no supo quién se reía pues compartía mi cuarto con mis demás hermanos.

A la mañana siguiente le dije a mi madre que iría como de costumbre a bañarme a la posa y saliendo de la escuela pasé con mis compañeros al riachuelo. Ellos quedaron extrañados de ver que yo, en vez de brincar sobre la posa, comencé a escalar unos metros a un lado de la cortina de agua. Dejaron de jugar y se limitaron a observarme. Yo me di cuenta de ello y, con un poco de miedo, me aferré a una roca saliente que estaba a un costado de la cortina. Sentí el golpe del agua sobre mi cabeza, la cortina era gruesa y por un momento quise desistir de llevar a cabo tal osadía, pero recordar el sueño de la noche anterior me dio la fuerza para impulsarme hacia adentro. No sabía lo que había más allá de la cortina de agua, no sabía si podía encontrar reptiles u otra clase de animales, incluso no sabía si había una cueva, solo me impulse para cruzar.

Mis manos buscaron desesperadamente donde asirse, pero solo sentí el vacío y no encontré donde poder sujetarme. Así que perdí el equilibrio y el agua me sacudió hasta sentir que caía. Tragué agua y perdí el sentido de ubicación, creí que iba a ahogarme. Mis brazos y piernas se movieron y comencé a nadar hacia la orilla. Mis compañeros me miraban y uno de ellos gritó: "¡Le está saliendo sangre de la cabeza!" Yo me toqué con la mano y efectivamente tenía una herida, pero no era de gravedad. Por lo que volví de nuevo a intentar subir a cruzar la cortina de agua y en vez de sentir miedo, ahora tenía la seguridad que había una cueva esperándome detrás. También estaba seguro de saber cómo la cruzaría y al escalar de nuevo y llegar frente a la cortina grité: ¡Ábrete sésamo! Mis compañeros quedaron boquiabiertos cuando desaparecí de la vista de ellos, no sabían que había pasado conmigo, pensaron que la cortina de agua me había golpeado nuevamente y sus ojos se posaron al fondo de la posa intentando encontrarme, pero ya la había cruzado y el impulso fue tal que rodé algunos metros hacia el fondo de ¡MI CUEVA! Así le llamaría desde ese día en adelante, porque yo la había descubierto y la "había conquistado". No tuve miedo de regresar de nuevo a donde estaban mis amigos, solo me impulsé y crucé a través de la cortina de agua y caí a la posa nuevamente. Escuché los gritos de admiración de mis compañeros quienes estaban seguros de que de ahí en adelante la diversión que teníamos en la posa, seria doble pues contaríamos con "La Cueva Del Encanto".

Cuando iba camino a casa, me sentía muy feliz. Hacía calor y ya echaba de menos la frescura de aquel lugar tan maravilloso. Al llegar vi a mis padres descansando y me fui a hacer mi tarea.

Luego tomé un vaso de leche y me fui a dormir. Mi sueño fue completamente diferente a los de días anteriores; soñé que estaba en la cueva, tenía un cobertor y la gran tranquilidad que sentía me invitaba a dormir profundamente, escuchaba el murmullo del agua, miraba a través de la cortina de agua y sentía que en esa cueva había magia y yo era el mago que tenía el dominio sobre el agua que con solo levantar la mano, el agua detenía su caída formando un manto que cubría solo la mitad de la entrada. Yo caminaba hacia la salida de la cueva y veía mucha gente con la vista fija hacia donde yo estaba parado y yo levantaba mis manos y todos me aplaudían. Miré una escalinata que llegaba hasta el agua de la posa apacible que ya no formaba remolino. Ahora se encontraba quieta y en eso alguien gritó: "¡Tiene dominio sobre el agua del riachuelo y de la posa!" De repente todo se salió de control y el agua se precipito hacia mí, el remolino de la posa comenzó a girar vertiginosamente y la gente que me aplaudía comenzó a gritarme tan fuerte que sus insultos me causaban mucho dolor y vergüenza. Escuchaba que decían: ¡Farsante! Yo no sabía qué hacer y después de mi turbación la gente se retiró y en ese momento desperté.

Recuerdo que le platiqué a mi madre y ella me dijo que fue un buen sueño, pero aparte de ser un buen sueño, al inicio tuvo su parte opuesta. Que debía tener un significado y cuando tuviera tiempo me ayudaría a descifrarlo. No le di tanta importancia a aquel sueño y días después mi madre me dijo que ya sabía a qué se refería, me dijo lo siguiente: "La gente que te aplaudía significa el dominio sobre el agua. El riachuelo y la posa significan que obtendrás la admiración de mucha gente que te tomará como ejemplo, pues a tu edad no es fácil hacer lo que tú haces. Cuida esos dones que Dios te dio al nacer, pero si te desvías del buen camino, el resultado será desastroso y solo la ayuda de Dios podrá salvarte.

Cuánta razón tenía mi madre, porque años después mi camino se iría torciendo más y más, hasta convertirse en un laberinto sin salida". En ese momento el rostro de Tadeo Morán adquirió un aspecto sombrío y después de unos segundos de silencio, movió la cabeza y exclamó: "Ésa es otra parte de mi vida. Por lo pronto hagámosla a un lado, ya habrá tiempo de hablar de ello".

Parecía que de nuevo Tadeo Morán tomaba el timón del barco a punto de zozobrar con un recuerdo doloroso y continuó narrando más acerca de "La Cueva Del Encanto" o "su cueva", como él la llamaba, y de nuevo regresaba aquella alegría a su rostro que esbozaba una sonrisa que lo hacía mirarse más y más joven. Aparte, el brillo de sus ojos color café dejaba entrever la alegría de esos bellos recuerdos.

Tadeo continuó: "Después mi cueva ya no era solo mía, la compartía a gusto con mis amigos y también con personas que acudían para conocerla. Entraban pero en seguida salían, pues se sentían atrapados en su interior. Yo me acostumbré tanto a permanecer allí, que comencé a grabar dibujos en las paredes y me pasaba horas y horas con un pequeño cincel y un martillo labrando las rocas y haciéndoles surcos, formando figuras que no tenían formas definidas, que solo eran posibles en mi imaginación.

Muchas veces entre a la cueva simplemente para mirar a través de la cortina de agua y sentir que mi vista se agudizaba más y más, cada vez que miraba a través de ella. Además sentía que el oxígeno me producía bienestar y mucho vigor en todo mi cuerpo, al inhalar sentía una alegría enorme y deseaba que todos los que entrarán a la cueva sintieran lo mismo que yo.

Sabía que la cueva era algo que tenía vida mientras hubiera alguien que se sintiera feliz, ya sea en el interior o viéndola a través de la cortina de agua. Cuando tuve que alejarme de ese lugar porque mis padres nos llevaron muy lejos por razones de trabajo, sentí que una parte de mí se quedaba en esa cueva. Y aunque ya no sería más mi cueva, me sentí satisfecho de haber contribuido para que mis amigos continuaran disfrutando de algo tan grandioso, pues parecía que la mano de Dios había plasmado un hermoso paisaje con una mezcla de la naturaleza entre árboles, un riachuelo y una cascada.

Al terminar su relato, en el semblante de Tadeo Morán se dibujó una mezcla de nostalgia y tristeza. Parecía como si al terminar su narración, se alejara de un ser querido al cual no vería jamás. Pero continuó y otra vez Leonardo notó un brillo extraño en sus ojos, como cuando a un niño lo deja su mamá en la escuela y está a punto de llorar, pero mira a sus amigos y corre sonriendo hacia ellos. Esos cambios de sensaciones no son comunes en la gente ordinaria.

"LA ALFOMBRA DE DIAMANTES"

Mi padre se mudó a otro lugar porque tuvo la oportunidad de adquirir unos terrenos para sembrar maíz, pero a mí a esa edad, no me entusiasmaba la idea de ser un labrador. Mi padre se daba cuenta de ello y trataba de animarme enseñándome las ventajas del campo, asaba elotes recién cortados de las milpas y cuando me veía cansado, me decía que me fuera a recostar bajo la sombra de un árbol frondoso que estaba en el centro del terreno de siembra.

Un día me dijo mi padre que me quedara a descansar a la orilla del terreno de cultivo. Así que tendí varios costales que normalmente usábamos para dormir un rato después del trabajo y entonces formé una especie de colchón y me acosté cómodamente. Ese día sentí una alegría poco común y no por el hecho de que no estaba trabajando, pues muchas veces mi padre me decía que descansara. No era eso, era algo especial. No sabía por qué sentía tanto entusiasmo por la vida. Observé a mi padre, admiré su destreza para arar la tierra con un pesado arado que jalaban un par de bueyes mansos con una fuerza descomunal. El sol comenzaba a salir y miré sus rayos, tan potentes que comenzaron a alumbrar las montañas. Me tendí sobre mi colchón improvisado y lo que miré me dejo boquiabierto, ¡no lo podía creer! Todo el terreno se convirtió en una alfombra de diamantes, millares y millares de diamantes. Mi padre estaba en medio de los diamantes y no lo había notado. Corrí a decirle que éramos ricos, muy ricos y en esos momentos terminé de despertar de mi sueño, me había incorporado semidormido y la impresión de los rayos del sol sobre la gotas de agua, que se formaron sobre la milpa que apenas ha brotado se refleja y semeja un diamante, que desaparece cuando los rayos del sol cambian de posición.

Desde aquel momento comencé a amar al campo; la siembra, la lluvia, el sol, el aroma de las flores, el canto de los pájaros, el sonido de los ríos y el susurro del viento que mece las ramas de los arboles. Aprendí que todo en el campo irradia vida y que en esa vida se manifiesta la mano de Dios.

Desde ese día le prometí a mi padre que nunca más renegaría el trabajo, pues era capaz de sentir en mis manos el palpitar la vida, una vida plena al tocar cualquier cosa en la que pudiera quedar impresa la huella de mis manos. Por eso cuando las pequeñas milpas crecieron y había que reforzarlas con tierra alrededor de ellas, yo les pasaba el brazo con mucho amor y les hablaba en voz muy baja bendita seas por el fruto que vas a dar cuando sea el tiempo de cosecha.

Parecía que las milpas entendían mi lenguaje, pues con sus hojas me acariciaban la cara y las manos impregnándome de un delicioso aroma que despedía de ellas; aroma de plantas, de hierba, de vida.

Ahora entiendo que debes bendecir lo que haces, no importa qué, solo hazlo con amor. El beneficio que recibirás será tu recompensa.

Cuando las milpas crecían me gustaba pasar entre ellas, pues sentía la sensación que me saludaban con sus largas hojas, como diciendo: "Gracias, míranos somos fuertes, estamos listas para dar fruto, eres bienvenido, te queremos, formas parte de la familia, disfruta la vida entre nosotras, toma de nuestro fruto pues nuestra misión en nuestra corta vida es nacer, crecer, dejar semilla para la continuación de nuestra especie y morir ahora para poder renacer en lo que dejamos, nos verás multiplicadas en la próxima siembra, esperamos verte otra vez".

Sabía que en esa época de mi vida, mi sensibilidad acerca de las cosas que me rodeaban y el efecto que causaban esos sucesos, serían los cimientos que me sostendrían en los momentos más difíciles de mi vida y que debía estar preparado para enfrentar situaciones dolorosas. Me di cuenta que cada vez que recordaba mi pasado, regresando algunos años atrás, mi estado de ánimo cambiaba de acuerdo a lo que recordara y que cuando recordaba épocas tristes de mi vida era fácil enfermarme sin motivo alguno, pero cuando recordaba momentos de alegría, parecía que esos recuerdos me hacían inmune a cualquier enfermedad. Por eso, no te extrañe mi transformación constante mientras narro los pasajes de mi vida, si en un momento me miras muy mal, es por la emoción del momento, te pido que me interrumpas cuando eso pase, pero cuando esté narrando momentos de alegría no me interrumpas, pues eso me ayuda a contrarrestar los momentos tristes.

Leonardo le preguntó si hubo muchos momentos de alegría cuando era menor de cinco años y Tadeo pareció viajar en el tiempo, cerrando los ojos unos instantes y le dijo: "Tenía como cuatro años cuando vivíamos en una casa humilde, pero que por el lugar en que estábamos debido al clima, era muy cómoda y mientras mi madre hacia los quehaceres de la casa yo me salía a mirar las ardillas que se subían a los arboles. Me gustaba admirar las montañas de un color verde oscuro a lo lejos, pero lo que más me causaba alegría era mirar los colibríes que parecían juguetes metálicos pegados a las grandes flores, pero era ilusión porque ellos siempre se mantenían volando en unos movimientos en los cuales yo no era capaz de captar.

Un día, mientras estaba sentado en una pequeña silla que mi padre había hecho especialmente para mí con madera y laso tejido, vi acercarse a un señor arreando unas mulas que llevaban unas cajas en cada lado de ellas. Él llevaba una manta que le cruzaba desde la espalda hasta el costado derecho y me llamó la atención verlo caminar sin que se mirara cansado. Yo le hice una pregunta gritándole: "Oiga señor, ¿qué lleva? Él volteó a mirarme y sonriendo me dijo: "Llevo peras, ¿quieres una? Yo le dije que sí y él se puso muy contento al verme brincar de gusto, me regaló tres peras enormes. En realidad eran injertadas con manzanas, así que les llamaban peras-manzanas. Yo le di las gracias al señor y él me prometió que siempre que llevara fruta, me daría de lo que trajera. Cuando entré a la casa, mi madre me preguntó que dónde había cortado esas peras. Yo le dije que me las había regalado un señor que iba cargado con unas mulas. Mi madre me abrazó y dijo que Dios bendijera a ese señor y que lo colmara de abundancia, porque la gente que tiene buen corazón merecen cosas buenas en su vida".

Tadeo Morán hizo una pausa y le dijo a Leonardo que habían sido muchos los relatos de ese día. Así que lo invitó a cenar en el mismo restaurant donde se encontraban día a día y Leonardo aceptó dándole las gracias por anticipado.

Sofía llego ante ellos y les preguntó qué deseaban para cenar. Otra vez Leonardo notó que la mirada de Tadeo quedaba fija en los hermosos ojos de la linda mesera. No dijo nada y aparte de eso miro cómo de reojo, Tadeo seguía mirando disimuladamente a Sofía hasta que la perdió de vista. "¡Es preciosa! exclamó, pero de inmediato rectificó: "No me lo tomes a mal, pero la belleza de la mujer es para admirarse". "En eso estoy de acuerdo contigo, pero por lo pronto, solo tengo ojos para mi novia" contestó Leonardo. Tadeo asintió con la cabeza y le preguntó: "¿Estás muy enamorado de ella verdad? Y quien no se enamoraría de ella si es lindísima. Espero que pronto me des la noticia de tu casamiento" "Claro que sí, tú serás nuestro padrino de bodas, ¿qué te parece?" " No se hable más, será una boda sencilla pero una gran boda" contestó Tadeo.

CAPÍTULO 4

HUELLAS IMBORRABLES

Cualquiera que hubiera visto a Tadeo Morán y a Leonardo Moreno charlando tan animadamente, pensaría que eran dos amigos desde hace muchos años, y la verdad es que a esas alturas eran en realidad dos verdaderos amigos.

Durante la cena, Sofía se desvivía por atenderlos y la mirada que ella le dirigía a Tadeo Morán hizo pensar a Leonardo que había algo más que admiración y agradecimiento. Cuando los dos se levantaron, Leonardo miró que Tadeo fue a pagar, pero cuando regresó también dejo un billete doblado como propina y se dio cuenta que era de alta denominación. Comprendió que Tadeo era generoso pero también intuyó que había algo más en el fondo de todo eso, pero que no era porque Tadeo lo propiciara sino que las cosas se iban dando por cosas del destino.

Antes de despedirse, Tadeo Morán quiso platicar un rato más con Leonardo y conforme Tadeo hablaba, Leonardo comprendía el porqué de las cosas que a veces lo dejaban intrigado. Él llego a pensar que la vida de Tadeo Morán era una vida tranquila y feliz pero la realidad era que estaba muy lejos de imaginar lo que sucedía en la vida de Tadeo. Por eso le dijo: "Tadeo, creo que eso que estás pensando no debiéramos incluirlo en el libro, pues casi en todas nuestras platicas todo lo que dices va encaminado para que la gente sepa cómo debe de comportarse y qué debe hacer para evitar sufrir y evitar que sufran aquellos seres que amamos, me resisto a creer lo que me has dicho".

A lo que Tadeo respondió: "Lo siento, créeme que lo siento de veras. Pero yo te puedo asegurar que el ejemplo a seguir no es la perfección ni la lección de comportamiento que debe tener el ser humano para rectificar. El ser humano aprende de los fracasos de los demás y solo un tonto no saca provecho de una experiencia en la vida de otros. Es por eso que debes poner esa parte de mi vida en una página del libro, ¿verdad que lo harás?" "Sí lo haré, si así lo deseas y gracias por confiar en mí" respondió Leonardo.

Ya estaban por despedirse, cuando la hermosa mesera llego casi corriendo hasta ellos y le dijo a Tadeo Morán: "Perdone señor, pero usted dejó un billete de alta denominación en la mesa, yo creo que se equivocó de billete" y entregándole el billete a Tadeo se miraba apenada. Tadeo sonrió y le dijo: "No me equivoqué, supe lo que hice y por qué lo hice. Yo sé que las propinas son necesarias para crear ánimo en toda la gente que trabaja y más en el trabajo que tú haces. Te ruego que lo aceptes y que sepas que por ser como eres mereces eso y mucho más de la vida. Debes saber que no solo experimenta placer el que recibe una propina, también el que la da experimenta el placer de dar y de compartir algo de lo que tiene. Al dar está creando una "Ley de La Abundancia". Pues si aprende a dar, nunca le faltará nada.

Leonardo Moreno estaba emocionado y supo en ese momento que sin importar lo que Tadeo Morán le narrara con respecto a los problemas que tenía, sabía que la generosidad de Tadeo era ilimitada.

Sofía se despidió de ellos y muy emocionada le dio las gracias a Tadeo, le dijo que con ese dinero le compraría algo a su pequeña y lo bendijo. Luego se retiró a paso rápido, como si temiera que Tadeo Morán cambiara de parecer.

Leonardo habló un poco apesadumbrado cuando estaba a punto de despedirse y Tadeo Morán le pregunto cuál era la causa de su estado de ánimo, a lo que Leonardo le contestó que era por lo relacionado a incluir la parte negativa de la historia. Tadeo contestó con una sonrisa diciéndole: "Leonardo, el libro es para ayudar a la gente mediante la verdad de nuestra vida, no será un drama lo que suceda en el futuro por el simple hecho que las cosas no marchen como debieran marchar. No te preocupes que las preocupaciones no resuelven los problemas y sí los acrecientan más".

Más tranquilo, Leonardo se despidió de Tadeo Morán y se prometió a si mismo hacer resaltar las cosas buenas de Tadeo, pues lo que le había dicho no iba a ensombrecer su vida futura, al contrario, lo pondría al mismo nivel de los demás, con sus defectos y virtudes y al final prevalecería la verdad del por qué tales sucesos.

ENTRE EL INFIERNO Y LA GLORIA

Había pasado ya varios días desde que Leonardo se comenzara a reunir con Tadeo Morán para ir escribiendo, grabando y memorizando a veces algunos de los pasajes de su vida. Pero esa mañana escribiría algo muy diferente a los otros relatos donde Tadeo Morán le narraba el inicio de un daño causado a mucha gente inocente. A veces cuando las personas cometen errores, no solo se causan daño a sí mismas sino que es como una enorme niebla que se extiende sobre los seres que más ama y que las aman también.

Tadeo Morán amaba a su esposa, ella era la razón de su vida junto con sus hijos, pero un padecimiento de ella lo hizo alejarse por un tiempo para que ella pudiera vivir una vida tranquila, pues debido a su enfermedad, ella había caído en una terrible depresión. Cuando Tadeo Morán habló con su doctor de confianza, él le dijo que para el bien de los dos deberían evitar estar juntos y eso para Tadeo Morán fue algo muy doloroso, pues no concebía la idea de una separación. No obstante lo hizo y es que cuando se ama verdaderamente a una persona, el amor puro y genuino es llegar incluso hasta el sacrificio que incluye no permanecer junto al ser amado. Tadeo Morán se alejó y aprovechó ese alejamiento para ir en busca de una mejor vida para toda la familia. Nunca se imaginó que el destino le deparaba algo doloroso al pasar los años.

Se fue lejos de la ciudad en la que vivía y con el paso del tiempo comenzó una rutina que lo asfixiaba. Cuando sus amigos le preguntaban por qué no se divertía, él les contestaba que no quería hacerlo porque él se conocía y en el fondo sabía lo que le esperaba si comenzaba a divertirse, sabía que para divertirse debería alternar con sus amigos, y que a sus amigos les gustaba irse de parranda frecuentando antros de vicio y prostitución. Y aunque Tadeo Morán no era un santo, le temía a las consecuencias si volvía a probar licor, sabía que decendería otra vez al infierno que una vez piso y, que de no haber sido por la ayuda que recibió de un grupo de apoyo, tal vez ya estuviera muerto. Así que prefería irse a los parques o a las tiendas en donde se pasaba horas y horas, esperando irse a la casa y poder dormir.

En su soledad muchas veces se hacía una pregunta que quedaba sin respuesta: ¿Por qué me sucedió todo esto? ¿Por qué tengo que soportar esta soledad que me está matando poco a poco? ¿Es esta la vida que soñaba yo? Entre el silencio de la noche parecía escuchar una voz que le decía: "Descansa Tadeo, ya no sigas atormentándote. Piensa en tu esposa, algún día podrás regresar a ella, piensa que cuando ella se recupere, todo volverá a ser igual o mejor que antes. El padecimiento que ella tiene puede ser curado por sí solo con tu ausencia".

Ya recostado en su cama, dejaba volar su imaginación y se producía el milagro de los sueños. Mediante ellos, él podía llegar hasta su esposa, darle un beso apasionado y podía dormir en los cálidos brazos de ella.

El trabajo que desempeñaba Tadeo Morán era rudo. La soldadura, el humo, el polvo de metal y el ruido de las maquinas que usaba, le daban a ese lugar un aspecto no muy bueno que digamos, pero Tadeo ya se había acostumbrado a la fabricación de lo que ahí se producía. Él tenía la idea que ese trabajo, aunque le gustaba, no era para siempre.

El estar lejos de su esposa, la soledad en que vivía y las invitaciones constantes de sus amigos, lo hicieron al fin aceptar salir con ellos. De ahí en adelante la vida se le hizo más llevadera pero él siempre tenía cuidado de no tomar ninguna bebida embriagante porque ya sabía las consecuencias. Por eso aceptaba las bromas de sus amigos y no hacía caso si esas bromas iban más allá convirtiéndose en burla, pues la mayoría deseaba que Tadeo Morán fuera igual que ellos.

En una fiesta que organizó uno de sus amigos, Tadeo conoció a una mujer que le llamo mucho la atención, porque a pesar de que muchos jóvenes la invitaban a bailar, ella muy amablemente les decía que no. Aparte de eso, notó que ella lo miraba y se sintió atrapado en esos ojos negros que prometían darle un poco de luz en su camino. Sin pensarlo dos veces, se dirigió hacia ella y en forma muy cortés le preguntó que si le permitía el honor de bailar con él. La sorpresa de los jóvenes fue enorme cuando ella sin decir una palabra, se levantó y se acercó a él.

El destino muchas veces nos lleva por caminos que nunca imaginamos si será para bien o para mal. Lo cierto es que cuando ese camino se presenta y por circunstancias de la vida, lo seguimos sin preguntar a dónde nos llevará. Comienza el inicio de una aventura que queda gravada en el libro de nuestra vida, una vida a veces plena, a veces vacía.

El grupo tocaba una tras otra las melodías que el público pedía y Tadeo estaba disfrutando de la compañía de su pareja, cuyo nombre no sabía, pues lo único que le importó fue sacarla a bailar y seguir el ritmo de la música.

Tadeo se acomidió a ofrecerle algo de tomar a su pareja y ella aceptó, no sin antes preguntarle cómo se llamaba. Él le contestó que su nombre poco común era Tadeo Morán, que estaba a sus órdenes y que le gustaría invitarla a cenar al día siguiente. Ella titubeó un poco, por lo que Tadeo Morán le dijo que por favor tuviera confianza en él, le dijo donde vivía y dónde y en qué trabajaba. Ella sonrió y le contestó que no desconfiaba de él, pero que él no sabía nada de ella. "No se preocupe", le contestó Tadeo. "Solo la estoy invitando a cenar y será el inicio de una amistad, si usted cree que soy una persona digna de ser su amigo". "Está bien, acepto. Puede pasar por mí mañana en la tarde a la puesta del sol. Mi casa está junto a la vía del tren al lado norte de la estación, como a 50 metros. Es la única de color azul que hay por allí", contestó ella.

Tadeo se iba a despedir de ella cuando se dio cuenta que no sabía el nombre de su pareja de baile y cuando se lo preguntó, ella le dijo que era Patricia pero que sus amigos le decían Paty. "Nos vemos mañana. Esperaré con ansias la puesta del sol" dijo Tadeo. Ella sonrió con una sonrisa como si fuera una promesa de que en ella encontraría Tadeo Morán una ilusión por la vida.

Ya de regreso a su casa, Tadeo iba repasando uno a uno los momentos en que estuvo bailando con Paty. Sus amigos notaron su cambio y bromearon con él diciéndole que estaba enamorado y que había sido un amor a primera vista, a que Tadeo Morán siguiéndoles la corriente les dijo: "Si enfermo de amor, ustedes van a ser los culpables".

Al llegar a su casa y entrar en su cuarto, lo asaltaron varios pensamientos. Sintió algo, como un malestar en su estómago y pensó que era por la emoción de haber bailado con Paty. Pero no era eso, él había tenido presentimientos hacía mucho tiempo atrás y no tardó en identificar ese malestar; era el sentido de culpabilidad que amenazaba con hacerlo trizas con sus garras. Trató de serenarse, buscó una justificación para hacer lo que estaba haciendo pero él sabía que lo que hacía no estaba bien. Sabía que no debía serle infiel a su esposa, sabía que debería de oponerse a tener cualquier relación física o sentimental con otra mujer que no fuera ella, pero más le dolía porque sabía que era una mala acción.

Comenzaba una lucha interna que no lo dejó dormir y cuando se presentó a trabajar, se notaban en él unas ojeras muy marcadas por el insomnio. Su patrón le dijo que se fuera a descansar ese día. Estando en su casa se tranquilizó y se dijo a sí mismo que debía tomar una decisión. Después de todo, tener una amistad con Paty no era malo, o así quería repetirse a sí mismo para acallar el sentido de culpa.

Por fin se decidió, iría a cenar con Paty, como se lo había prometido, y le diría toda la verdad para que ella supiera que él era casado y que si aún así deseaba continuar su amistad, que estaba bien pero si por el contrario deseaba alejarse, él comprendería ya que deseaba más que nada respetar su decisión.

Faltaba un tiempo razonable para la puesta del sol y Tadeo comenzó a caminar con rumbo a la estación del tren. Infinidad de pensamientos encontrados lo hacían caminar como un autómata; un muerto en vida que vaga en las calles con la mirada perdida en el horizonte, sin saber a dónde ir, aunque Tadeo Morán sabía hacia donde iba. Sabía lo que sucedería. Había tenido aventuras fuera del matrimonio, las cuales le impidieron ser completamente feliz cuando vivía al lado de su esposa. Él sabía que en el momento de estar con una mujer, se olvidaba de todo. Sabía que ponía el corazón y todos sus sentidos en las manos de alguna amiga de ocasión, porque Tadeo Morán a pesar de ser un hombre culto y educado, era un hombre romántico, amante de la belleza femenina. Él sabía perfectamente que cuando entablaba una conversación con una mujer, despertaba esa confianza en ellas, y terminaban por llevar la conversación para que Tadeo Morán las invitara a salir, y lo demás sucedía después con las pláticas íntimas en las cuales ellas deseaban conocer a Tadeo Morán como el amante ocasional, manipulado por su debilidad hacia las mujeres. Pero lo que las atraía era el hecho de que Tadeo Morán era todo un caballero, pues sus aventuras se sabían era porque las mismas mujeres que habían estado con él rompían el secreto que él tan celosamente guardaba.

Una de las cualidades de Tadeo Morán era que usaba la discreción y que el respeto hacia cualquier mujer era primordial en él. Él nunca hacía prejuicios cuando una mujer deseaba estar con él, o si de buenas a primeras aceptaban una invitación a salir. Era de una mente muy abierta, al grado de que nunca les preguntaba por qué lo hacían. Él solo sabía que debía tomar de la vida lo que la vida le ofrecía, aunque estaba consciente de que algún día, de alguna forma, la vida le cobraría con intereses muy elevados los errores cometidos.

Recordaba que hace tiempo había tenido una aventura que marcó su vida quizá para siempre. Una mujer hermosa de ojos verdes había estado con él y, sin que él se lo preguntara, ella le confesó que acababa de separarse de su esposo y que decepcionada de esa situación, buscó la manera de distraerse aceptando la invitación de unos amigos para ir a la playa. En esa invitación, su amigo la presentó con tres de sus amigos que iban en el auto y todo iba bien hasta que comenzaron a bromear con ella todos a la vez, manoseándola y tocándole partes íntimas, con lo cual ella se comenzó a sentir humillada. Así que cuando ella le pidió a su amigo que les llamara la atención, él le contestó en una forma muy vulgar. Le dijo que por qué se daba baños de pureza si ella ya sabía a lo que iba. Que ellos además como amigos siempre eran muy "compartidos" y que "todos para una y una para todos".

En ese momento ella se molestó muchísimo pues no estaba preparada para aceptar una humillación de tal índole. Ella insistió en que la dejarán en paz y el "amigo" le dijo: "Ya que te pones en una situación de muy digna, te bajas del auto y te las arreglas tu sola".

Esa era una buena solución para ella, pero no contaba con que le sacaran el dinero de su bolso de mano. Se dio cuenta de lo que habían hecho cuando ellos se alejaban riendo a carcajadas y lo primero que hizo fue buscar el dinero que traía en una pequeña cartera dentro de su bolso. El miedo se apoderó de ella, pues estaba a punto de anochecer, y el lugar se miraba solitario. Sintió miedo al principio y después la invadió un estado de pánico pues miró a dos hombres que se dirigían hacia ella y que caminaban un poco tambaleantes. Ella se dio cuenta de inmediato que iban borrachos y el miedo que sintió solo la hizo lanzar un pequeño sonido de su garganta, pues después de la experiencia que tuvo con su "amigo" y acompañantes no podía esperar nada bueno.

Quiso correr para ponerse a salvo pero sus piernas estaban paralizadas por el miedo,- Era un lugar solitario y ella buscaba con la mirada a quien pedirle ayuda, pero solo había silencio y soledad, como la soledad que sentía en el alma al saber que todo lo que le estaba sucediendo se había originado por un mal entendido con su esposo. Pues la separación de él se hubiera podido evitar si hubieran dialogado para conservar su matrimonio. Pero la realidad allí estaba presente, ahora se encontraba en un callejón sin salida, pues aunque había la posibilidad de correr y tratar de ponerse a salvo, sintió que el miedo le paralizaba las piernas. Caminó un poco y sintió ese temblor en todo su cuerpo producto del pánico. Los hombres caminaron hacia ella y le gritaron que se detuviera pronunciando palabras obscenas. En ese momento cuando el par de bestias malolientes estaban a unos pasos de ella, solo pudo pronunciar unas palabras cayendo de rodillas y diciendo: "Ayúdame Dios mío". Estaba esperando lo peor, se sentía indefensa y sin fuerzas para luchar por su vida y por su honra. Su autoestima quedó por el suelo y ya no le importaba ser ultrajada o asesinada por aquellos miserables que deseaban aprovecharse de su debilidad y de su soledad.

De pronto se escuchó una voz tan potente, que los hombres que habían estirado las manos para sujetar a la pobre mujer, desistieron de su intento para enfrentarse a Tadeo Morán que había observado la escena desde muy lejos mientras llegaba en auxilio de la mujer que le había pedido ayuda a Dios y él se la había mandado por conducto de Tadeo Morán.

En ese momento vino la transformación de un hombre, un verdadero hombre que, a pesar de no llevar ninguna arma encima, estaba dispuesto a jugarse la vida por una mujer, una mujer que sin saber quién era ni que había hecho, era una mujer a la que se le da amor, calor, ternura y que está dispuesta a dar la vida cuando de dar vida a otro ser se trata. Él miró a la mujer indefensa de rodillas y al ver al par de aprovechados, arremetió en contra de ellos con los puños cerrados, golpeando a uno y tirándolo al suelo mientras el otro sacó una navaja e hizo el intento de herir a Tadeo Morán, pero él sabía que la mirada de su contrincante, así como sus reflejos, le daban mucha ventaja sobre él. No obstante no se confió y de un puntapié logró desarmarlo.

Después recogió la navaja y la lanzó lejos. El hombre se le abalanzó y esta vez Tadeo no tuvo piedad de él, un golpe lanzado con la furia de un hombre que mira algo semejante va con toda la intención de hacer daño al lugar que es dirigido, esta vez el puño cerrado se estrelló en medio de los ojos del cobarde sujeto que se desplomó como un fardo. Allí quedo inerte, sin sentido. Era el precio que pagaba por su osadía de querer causarle daño a una pobre e indefensa mujer sin saber que en el mundo existen hombres de verdad que son capaces de defenderlas sin pensar en las consecuencias que se originen de ello.

La pobre mujer con lágrimas en los ojos solo pudo abrazar a Tadeo Morán y su cuerpo fue sacudido por el llanto abierto. Todo lo que a ella la tenía aturdida y los momentos en los cuales pensó que era una horrible pesadilla, llegaban a su fin.

Cuando Tadeo Morán la abrazó para que ella se sintiera protegida, ella comenzó a recobrar la calma. Oscurecía ya y la luna apareció a lo lejos, posiblemente en algún lado del mundo estarían dos enamorados jurándose amor eterno, mientras que en otros habría escenas semejantes a la que acababa de terminar pero que quizás no tendrían un final feliz como en el que allí se había desarrollado. Posiblemente en ese lugar del mundo no hubo un Tadeo Morán que pudiera llegar a tiempo para evitar una tragedia de tal magnitud. Posiblemente en ese lugar del mundo sí se habría consumado una vileza que marcaría para siempre la vida de un ser inocente.

En ese momento la luna brilló más y Tadeo Morán al fin pudo ver la cara de la mujer. Era bellísima, tenía unos ojos verdes hermosos que lo dejaron fascinado. Tadeo Morán parecía hipnotizado, quiso desviar la mirada pero no pudo, pues esos ojos eran como un imán para él. Ya había experimentado ese sentimiento en su alma, en su niñez cuando se había enamorado de una niña de ojos verdes y que por cosas del destino jamás la volvió a ver. Al pasar el tiempo la buscó y buscó pero por más que la buscaba, no logró encontrarla.

Encontró a Mariana, una linda joven con la que después de un noviazgo se casó con ella, y se le fue borrando la imagen de "la otra niña de los ojos verdes".

Ahora estaba allí, esa niña hecha mujer. Ella lo reconoció a pesar de que la luna no daba luz suficiente. Comenzó a observar sus facciones y haciendo un cálculo de la edad que tendría Tadeo Morán, a ella no le cupo la menor duda de que el antiguo amor de su vida, había llegado para salvarla cuando invoco a Dios. Tadeo Morán no dijo nada acerca de conocerla, ella tampoco dijo palabra alguna, se separaron y acto seguido como todo un caballero, él la tomó de la mano y ella se sintió segura caminando con él.

Había un pequeño farol que colgaba de un poste en la parada de autobuses y para esperarlo, había una banca en la cual se sentaron e iniciaron una charla en la cual comenzó a disiparse la duda de cada uno de ellos. Fue ella la que rompió el silencio diciendo: "No sabe cómo le agradezco lo que hizo por mí, arriesgó su vida para salvarme. Fue usted enviado del cielo cuando le pedí a Dios que me ayudara". Tadeo contestó emocionado por la forma de agradecimiento de la mujer y le dijo: "Yo soy un hombre con muchos defectos, pero nunca estoy de acuerdo en que se le haga daño a una mujer. No importa que no la conozca, una mujer es una mujer, y debe ser respetada. No voy a hacerle preguntas pero si desea platicarme de algún problema que tenga, puede confiar en mí. Yo soy muy cuidadoso cuando de confidencias se trata, pero déjeme contarle primero por qué estaba cerca del lugar donde sucedió todo: en la tarde había salido como de costumbre a caminar, pues me gusta hacerlo, eso me hace que me distraiga de la mente. Mi esposa padece una enfermedad y yo no puedo dormir a su lado ni llevar una vida normal como toda pareja porque ella tiene un problema en el corazón, cualquier emoción fuerte le puede causar la muerte y yo no quiero que eso suceda si puedo evitarlo.

Estaba a punto de volver a mi casa cuando miré lo que estaba sucediendo, yo soy muy ajeno a meterme en problemas pero en esta ocasión algo dentro de mí me dijo que debía intervenir y doy gracias al cielo que pude llegar a tiempo. Pero disculpe mi falta de educación, permítame presentarme mi nombre es..." "¡Tadeo!" Exclamó la hermosa mujer. "Ahora estoy segura de que eres tú". Tadeo se le quedó mirando y también exclamó: "¡Rocío! ¿Eres tú? "Claro que soy yo, qué pequeño es el mundo. Al fin nos volvemos a encontrar. Pero qué ingrata es la vida. Mira en las condiciones que nos junta. Me dices de la enfermedad de tu esposa y eso quiere decir que eres casado. Yo también me casé y, aunque el problema no es de enfermedad, sí ha habido en mi matrimonio algunas cosas que han hecho que me separe de mi esposo, tal vez en forma permanente.

He sufrido por causa de los celos de él aunque no es exagerado, sí me molesta que dude de mi fidelidad. Tenemos un hijo de seis años, y al separarnos hace días, él se lo encargó a su mamá para que cuide de él. Cuando le pedí a mi hijo que se viniera conmigo pues tenemos dos casas y mi esposo y yo trabajamos, él decidió irse a vivir con su abuela poniéndome de condición que regrese con su papá para estar juntos los tres, de lo contrario que me olvide de él. Eso me duele mucho, en mi trabajo tenía un amigo que pensaba que era sincero pero la realidad es que solo trató de divertirse conmigo y de paso me expuso al peligro del que tú me salvaste".

Siguieron platicando y transcurría el tiempo, cuando al pasar unas personas por allí, les dijeron que a esa hora ya no había servicio de autobús, que lo que podían hacer era abordar un taxi de los que pasaban en la carretera que estaba a cinco minutos de allí. Siguiendo el consejo, comenzaron a caminar hacia donde les habían dicho y Rocío le pidió a Tadeo que no la dejara sola, al menos por esa noche pues todo lo que le había sucedido la tenía aturdida al grado de que sentía que no iba a poder dormir sin que la asaltaran los momentos de pánico que había vivido. Tadeo Morán se quedó pensando, y asintió diciéndole que contara con él. Ella le dio un beso en la mejilla y Tadeo viajó de inmediato a la niñez donde no existía la malicia cuando acariciaba a Rocío y solo se limitaba a darle un beso en la mejilla y ella correspondía de igual forma sintiéndose felices.

Con el paso del tiempo, él supo de un beso de fuego. Así le dijo una novia que tuvo y que ya tenía experiencia en cuestión de placeres que son señalados por la religión como prohibidos, pero que al fin y al cabo producen placer. Miraron un taxi y Tadeo le pidió de favor al conductor que los llevara. Llegaron a una pequeña casa que estaba situada a las afueras del pequeño poblado en el que vivía Tadeo Morán. El taxista recibió el pago y les preguntó que si no se les ofrecía algo adicional, a lo que Tadeo contestó que era todo por esa noche, pero que lo esperaban al siguiente día al salir el sol para que los llevarán a otro lugar y el taxista muy contento contestó que estaría puntual y que gracias por la propina, ya que no esperaba que Tadeo Morán fuera un hombre tan generoso.

Rocío miró la pequeña choza y suspiró profundamente porque ella deseaba haber tenido la suerte de casarse con Tadeo, pero comprendía que en esta vida somos juguetes del destino, el cual nos maneja como marionetas y nos hace hacer lo que a veces no queremos y no debemos hacer.

Pasaron al interior de la casa y Tadeo se dirigió a un pequeño bombillo que estaba en el centro de la mesa y al encenderlo, su luz disipó las sombras que había en el interior. Por la ventana la luna lanzaba algunos rayos de luz, como propiciando momentos de romance, de confidencias, de ilusiones que quedaron sin concluir y que ahora ya era tarde para iniciar una vida que jamás podría ser igual, si la hubieran comenzado desde el inicio.

Tadeo Morán encendió una pequeña estufa de gas que semejaba ser de juguete pero que era suficiente para calentar café o incluso cocinar alimentos. Colocó una jarra de aluminio en la estufa y cuando el agua comenzó a hervir puso un poco de té de caña, el cual era muy aromático. A veces lo hacía con hojas de limón, cuando de vez en cuando iba a pasar algunas tardes o noches en la choza. Su esposa sabía que para Tadeo Morán era un lugar en el que se mantenía en forma ya que hacía diferentes ejercicios; físicos y mentales que lo ayudaban a aceptar la vida como era.

El aroma del té causó una agradable sensación en Rocío. Ella nunca se imaginó que estaría a solas con el amor de su vida, apartada del mundo, pues aunque la ciudad en que ella vivía no estaba tan lejos, en ese momento se sentía en un mundo diferente, en un mundo tranquilo y seguro porque sabía que Tadeo Morán estaba a su lado y ella esa noche pertenecería a ese mundo maravilloso, el mundo de Tadeo Morán.

"Él té estaba exquisito" dijo Rocío. Ella estaba segura de que nunca había saboreado un té tan delicioso como el de esa noche. Miró a Tadeo Morán: atractivo y con la cualidad de saber tratar a las mujeres, las cuales después de conocerlo quedaban impresionadas gratamente del trato hacia ellas y cuando le lanzaban preguntas insinuantes, él muy cortésmente sabía cómo aceptar o rechazar alguna invitación. "No soy un santo, simplemente soy un ser humano con las debilidades que tienen los demás. Y cuando la vida me ofrece algo, lo tomo con todas las consecuencias que traiga; me gusta vivir el momento pero procuro que nadie salga dañado", se dijo Tadeo a si mismo.

Tadeo Morán abrió unas latas de comida y las puso en un pequeño sartén, el olor a comida hizo que Rocío sintiera hambre en ese momento. Desde que había salido de su casa no había comido y Tadeo Morán lo había notado. Por eso cuando se dispusieron a saborear el guiso improvisado, Rocío no pudo menos y volvió a besar a Tadeo en la mejilla. Él le dijo que ese día había recibido varios premios y ella mirándolo en forma pícara le dijo: "Y aún hay más premios para ti".

Siguieron hablando de muchas cosas de su vida. Ella le contó cómo sus padres habían fallecido en un accidente y cómo tuvo que abrirse paso en la vida hasta que conoció al que era su esposo, pues no se habían divorciado y tenía pocos días de eso. Le confesó que él era muy inseguro y que constantemente evitaba que ella tuviera amistades. Esos celos ella los sentía como si estuviera encadenada a él. Por eso en una discusión que tuvieron, su hijo se dio cuenta de que su papá acusaba a su mamá de infidelidad solo porque platicaba con sus compañeros de trabajo. Esa fue una ofensa para ella y ya no quiso seguir soportando ese tipo de acusaciones, por lo que le dijo que se separaba de él. "Lo demás ya lo sabes, sé que tengo parte de la culpa pero las cosas sucedieron y nunca me imaginé lo que iba a pasar, pero ahora le doy gracias a Dios porque si no hubiera sido por eso, no te hubiera vuelto a ver" dijo ella.

Pasaba de la media noche cuando Tadeo miro a Rocío que comenzaba a hablar despacio y comprendió que tenía sueño. Aunque las sillas eran cómodas, pues estaban hechas de laso tejido, él le señaló un pequeño diván en el cual él reposaba cuando se quedaba en la choza. Era suficiente para dos personas pero Tadeo Morán no quería aprovecharse de la ocasión y del agradecimiento de ella para hacer algo que lo hiciera sentirse culpable de hacer algo indebido. Así que trajo unos cobertores y le dijo que descansara pues al día siguiente iría el taxista por ellos para llevarla a su casa o para mandarla con él si es que ella no deseaba que la vieran con él. Ella sonrió y extendiéndole las manos le dijo: "Ven, te dije que había más premios para ti. Este es uno de ellos". Se prendió a su boca y él no sabía qué hacer. Sintió transportarse a lugares que jamás imaginó. Ella lo miró a los ojos y en un susurro le dijo al oído: "Quiero ser tuya, no me importa el mañana, no me importa lo que pase de hoy en adelante". Tadeo Morán había tenido muchas aventuras pero después de alejarse de las mujeres con las que había estado, sentía un vacío en el alma, se sentía sucio por dentro y por fuera, sentía que la gente lo observaba y que de un momento a otro le echarían en cara su falta de honestidad. Pero su reacción fue diferente esta vez, correspondió con un beso de fuego, como le dijera la novia que tuviera alguna vez, y ya sin ropa alguna recorrió con los dedos la fina piel de su amor perdido; el amor de una niña que ahora convertida en mujer le brindaba la gloria esa noche a cambio de posiblemente vivir un infierno al día siguiente. Pero ¿qué importaba el infierno en el futuro si podía disfrutar de la gloria en ese momento? Solo supo que se sumergió en ese torbellino, un torbellino que lo hizo olvidar todos los fracasos que había tenido en la vida y que ahora era poseedor de dos hermosas esmeraldas incrustadas en el rostro de la mujer, de la niña convertida en mujer, lo demás no importaba.

El taxista se presentó muy puntual al día siguiente y Tadeo Morán pudo ahora admirar la belleza de Rocío mientras se despedía; con su cuerpo escultural, una cara hermosa y unos ojos que eran capaces de subyugar a cualquiera. Él había sido afortunado de formar parte de la vida de ella pues ahora, pasara lo que pesara, habría recuerdos imborrables que solo con el tiempo ellos sabrían si eran recuerdos hermosos o si esos recuerdos se convertirían en recuerdos dolorosos que no podrían dejarlos vivir en paz.

Tadeo Morán tenía desde aquel momento una razón muy poderosa para vivir. Aparte de vivir para su esposa, vivía enamorado también de Rocío a la que constantemente visitaba, pero como no quería perjudicar la imagen que los familiares y amistades tenían de ella, la visitaba en forma discreta y para evitar causarle problemas la llevaba a su choza y después la llevaba de regreso a su casa.

Él se sentía culpable de llevar una doble vida, pero el amor que sentía por Rocío solo podría ser desplazado por la adoración que sentía por su esposa y eso lo hacía sufrir a tal grado que comenzó a sentirse atrapado entre dos amores y no sabía qué hacer.

Un día se decidió por fin, habló con Rocío y le habló de sus sentimientos. A lo que ella le contestó que ya lo había notado, pero que esperaba que él le dijera cómo resolvería su situación, que ella lo amaba tanto que no importaba lo que tuviera que hacer, pero que lo que ella deseaba era que él ya no siguiera atormentándose, sintiéndose culpable de algo que había sucedido y en el que los dos fueron envueltos por las circunstancias.

En ese momento ella lo miró a los ojos y las lágrimas salieron incontenibles junto con sollozos de dolor, de amargura, de impotencia, pues solo se le había ocurrido algo para que Tadeo Morán ya no sufriera más; volvería con su esposo que varias veces le había ido a rogar a su casa que lo perdonara y que volviera con él. Que recuperarían el cariño de su hijo y que de allí en adelante las cosas marcharían mejor. Su esposo le dijo que había tenido tiempo para reflexionar y que ni él ni ella tenían a nada ni a nadie que les impidiera ser felices al lado de su hijo. Que él había pensado que se fueran a una segunda luna de miel.

Rocío no le había dado ninguna respuesta pero Tadeo la animó a que aceptara dicha propuesta. Después de todo cuando se ama verdaderamente a alguien, se puede llegar a hacer un sacrificio con tal de que el ser que se ama sea feliz. Con un dolor muy fuerte en el corazón decidieron que era lo más acertado. La única duda que quedaba entre ellos era que había la posibilidad de que algo hubiera como resultado de las noches que pasaron juntos y al mirarse los dos comprendieron que fuera lo que fuera debería quedar en secreto.

Esa noche la despedida con Rocío fue una mezcla de dolor y tristeza. Tadeo Morán la amó intensamente sabiendo que era un adiós para siempre porque no deseaba interponerse en el camino de Rocío a pesar de que la amaba demasiado.

Al alejarse de la casa de Rocío sintió que dejaba una parte de su vida, una vida que comenzaba a palpitar en un recinto en el cual Tadeo Morán había depositado todo el amor que era capaz de dar. Ese recinto era el vientre de Rocío. Ella estaba embarazada pero no lo supo sino hasta unos días después cuando se le presentaron varios síntomas. Fue a la farmacia y compró una prueba de embarazo que se aplicó y dio resultado positivo. Pensó hablar con Tadeo Morán acerca de ello, pero después cambió de parecer pues sabía que eso haría que dieran marcha atrás con la decisión que habían tomado.

Pensó decirle la verdad a su esposo y decirle que el regreso con él no podía ser posible, pero se encontró con el dilema de que tendría que decirle la verdad y eso, comprometería a Tadeo desencadenando posiblemente una tragedia. Así que decidió callar. Un día se presentó su esposo diciéndole que se iría de viaje con su hijo muy lejos y que era la última vez que le pediría que se fuera con él. Si ella decía que no, jamás los volvería a ver, pero si los acompañaba, nunca más la celaría ni le impediría tener amistades, ni tampoco le preguntaría qué hizo cuando estuvo ausente de él, porque estaba seguro de que todo lo que había sucedido fue culpa de él y de nadie más.

La vida siguió su curso y un día en la choza de Tadeo apareció una carta con una postal y una foto en la cual se miraba una familia muy unida; cuatro seres humanos sonriendo, un hombre al lado de una mujer de unos hermosos ojos verdes, un niño de unos ocho años y un niño de alrededor de dos años. A dos años de ausencia de la mujer que dejó una huella imborrable en su corazón, pero lo que más llamó su atención fue cuando miró detenidamente al pequeño de ojos verdes como si a través de la distancia pudiera transportarse para mirarlo muy cerca y hasta le pareció que sus labios pronunciaban una palabra que decía: "Papá".

No supo cuánto tiempo estuvo recordando Tadeo Morán la Historia de su gran amor con Rocío, que por poco se le olvida a lo que iba. Cuando el sol estaba casi por ocultarse, Tadeo Morán quedó sorprendido por lo que vio. ¡Ahí estaba Paty! Una mujer hermosa, con una falda azul y una blusa blanca. Le sonreía y le levantaba la mano señalándole que estaba lista para salir a cenar. Él se acercó y la saludó apretando suavemente su mano. Después caminaron un poco y se fueron a cenar a un restaurante del lugar, durante la cena él la admiró pues su forma de hablar lo dejó gratamente impresionado y la tomó por la cintura para ir caminando de regreso a la casa de ella. Ella no se opuso a que él juntara su mejilla con la de ella. Parecían dos colegiales, si alguien los hubiera observado pensarían que eran un matrimonio feliz, sin saber que la felicidad no solo se encuentra entre las personas que siguen al pie de la letra los mandamientos de Dios, también se encuentra en las personas que, como Tadeo Morán y Paty, desobedecen dichos mandamientos. La única diferencia es que es una felicidad mezclada con zozobra, remordimientos, desconfianza y tantas cosas más que hacen que dicha felicidad no sea completa.

Al llegar a la casa de Paty, ella le dio las gracias a Tadeo Morán por la invitación, a lo que Tadeo le contestó: "Mira Paty, yo sé que trabajas durante la semana pero mañana es domingo y quiero invitarte a un lugar turístico. Yo sé que te va a gustar, no está muy lejos y podemos regresar no muy tarde si así lo deseas. ¿Aceptas? Ella de inmediato asintió con la cabeza y preguntando a qué hora irían. "Iremos a las seis de la mañana para admirar con calma unas grutas enormes las cuales necesitan tiempo para ser recorridas" dijo él.

Al día siguiente Tadeo Morán llego puntual a la cita y Paty salió a recibirlo. Esta vez dándole un abrazo y un beso en la mejilla. Unos niños pequeños se asomaron a la puerta y ella les dijo que en la tarde regresaba y que no le causaran problemas a su abuela. Ellos se fueron a su cuarto y Paty le dijo a Tadeo que eran sus hijos, que había estado casada pero que su matrimonio no funcionó. "Si quieres podemos cancelar la salida" dijo ella. Él la miró a la cara y sonriendo le dijo: "¿Por qué ese cambio? ¿Crees que a mí me importa que tengas hijos? Ahora con mayor razón puedo confiar en ti, porque otra mujer en tu lugar hubiera negado su situación".

Durante el trayecto al lugar que iban se contaron muchas cosas de su vida y al entrar en las grutas parecía que se alejaban del mundo real para entrar en un mundo de fantasía. Las figuras formadas eran imponentes, dignas de admirarse y al ir caminando más y más, parecía que el tiempo se hubiera detenido para aquellos seres, que aunque apenas se habían conocido aparentaban que ya se conocían de toda la vida.

La caminata fue de varias horas entre la ida y el regreso. Tadeo Morán notó que Paty estaba agotada, por lo que al salir le dijo: "Aun es temprano, vamos a comer y nos ponemos de acuerdo si damos una vuelta para conocer este pequeño poblado, veo que tienen servicio para no ir caminando, porque después de caminar en el interior de las grutas resultaría cansado caminar otra vez, ella asintió con la cabeza y vieron un restaurant que aunque era pequeño se notaba muy limpio y el olor de la comida les despertó el apetito.

Después de comer acordaron ir a dar la vuelta para admirar las casas y algunas mansiones de lujo. Ella suspiró como deseando permanecer más tiempo en ese lugar que le causaba una sensación de paz, tranquilidad y armonía con la naturaleza. Tadeo Morán notó en el semblante de Paty el romanticismo de una mujer que, aunque su vida había sido tormentosa en algunas etapas, aún confiaba en que las cosas marcharían bien en el futuro. Un futuro incierto, sin dirección ni un punto fijo a dónde dirigirse.

Ella sabía que le había causado una buena impresión a Tadeo Morán, pero aún no estaba segura de los sentimientos de él hacia ella. Había tenido pretendientes después de que falló su matrimonio, pero se resistía a comenzar otra relación que quizás le produciría otra decepción más.

Tadeo Morán por su parte también iba pensativo. Sabía que Paty le gustaba, pero en su interior se desataba una lucha interna porque él amaba a su esposa y sabía que no debía iniciar una aventura que le traería complicaciones. Él se conocía demasiado como para no saber que una aventura con Paty, después de que había confiado en él, seria decepcionante para ella. Ella pareció leerle el pensamiento y mirándolo a los ojos le dijo: "Me ha bastado estar poco tiempo contigo para estar segura de que hay algo en ti que te impide disfrutar de mi compañía. ¿Es por tu esposa verdad? Me gustaría que me dijeras la verdad, no me sentiré mal si me dices que la amas porque eso me demostrará que tienes buenos sentimientos. Me siento muy a gusto contigo pero si deseas que esta sea la última vez que nos veamos, no lo tomaré a mal. No me contestes de inmediato, tómate el tiempo necesario para analizarlo y me contestas cuando llegue a mi casa, por lo pronto quiero disfrutar este momento contigo" dijo ella.

Tadeo Morán guardó silencio. Quiso contestar de inmediato, pero Paty le dio la oportunidad de pensarlo y entonces no dijo nada. Solo se limitó a tomar de la mano a su hermosa acompañante y a sentir ese calorcito que tanto necesitaba para no vivir en esa soledad que lo ahogaba y lo hacía sentirse muy mal.

Tadeo Morán rompió el silencio. Ese silencio que por unos segundos puso una barrera invisible entre los dos, ese silencio que a pesar de ser de unos segundos solamente, a los dos se les hacia una eternidad. En esos segundos cada uno viajó mentalmente a donde tenía que ir. Paty viajó a su casa, miró a sus hijos y sintió la soledad que por años venía sintiendo. Había una oportunidad de no estar sola nunca más, pero eso era imposible porque tendría que convertirse en "la otra" porque Tadeo Morán no le había ocultado que era casado y que amaba a su esposa, y eso para ella era una decisión que no podía tomar tan a la ligera. Sin embargo allí estaba él, un hombre apuesto, atractivo, y prohibido.

Tadeo Morán por su parte, en esos segundos viajó a la casa donde estaba su esposa esperando a que regresara, pues él se ausentaba por meses para evitar dañarla. En esos meses ella se recuperaba un poco y él se volvía a ausentar esperando que algún día se repusiera totalmente para volver a ser la pareja feliz, como en los viejos tiempos.

De pronto como si los dos se pusieran de acuerdo, se miraron a los ojos y él le dijo que no podía ofrecerle lo que posiblemente otro le podía dar: un hogar, un apoyo total, sin dividirlo, sin compartirlo, sin remordimientos. Ella de inmediato le contestó: "No me importa nadie más, te quiero a ti, sin condiciones, sin pedirte nada. No me importa lo que tenga que sufrir, no me importa si amas a tu esposa. Solo permíteme amarte y con eso seré feliz. Ella estaba llorando y eso fue suficiente para que Tadeo Morán supiera que ella lo amaba de verdad".

Caminaron en silencio y, aunque hacía calor, en el alma de cada uno de ellos había frío, un frío terrible, de incertidumbre. Un frio que duele porque cuando dos almas se quieren y existe algo que les impide ser felices, el frío se apodera de esas almas y no las deja en paz.

De pronto Paty se detuvo y su vista se posó en un pequeño hotel que estaba en la esquina de la calle y le dijo a Tadeo: "Me siento cansada, cómo me gustaría estar ya en mi casa para darme una ducha y recobrar energía". Tadeo Morán le contestó: "Sé que aún es muy pronto para que tengas plena confianza en mí, pero si deseas podríamos descansar algunas horas en ese hotel ¿Tú qué dices?

A él le agrado oír la respuesta de Paty, aunque ya sabía lo que ella respondería. "Tadeo, desde que estuve dispuesta a venir contigo, tuve plena confianza en ti, y ahora aunque no es mucho tiempo el que te conozco, sé que cualquier cosa que yo haga, jamás podré arrepentirme porque con tus palabras y tu actitud te has ganado mi admiración y mi cariño. Haz de cuenta que desde este momento te pertenezco. No se hable más y vamos a descansar".

Al decir esta última palabra ella se le quedó mirando a la cara y notó cómo Tadeo Morán se turbaba un poco, pero enseguida él le dijo: "Vamos pues, con la condición de que tú decidas a qué hora quieres regresar. Yo por mi parte no tengo ninguna prisa, pues siempre que llego a mi cuarto la mayoría de veces me duermo hasta altas horas de la noche. Es la vida de muchos que vivimos solos. Es el precio que paga el que vive en la soledad de su cuarto, en el cual aunque cuente con calefacción artificial, nunca podrá ser igualada al calor que le da una pareja que este con él...o con ella". Esta vez ella se sonrojó al responder: "Es cierto eso, muchas veces he experimentado ese frío del que me hablas. Espero que tú puedas brindarme ese calor que se había extinguido". Tadeo Morán le dijo que de eso podía estar segura.

Tadeo se acercó al mostrador del hotel y el encargado le preguntó: "¿Desea una suite matrimonial, joven?". Tadeo se quedó pensando un segundo, ya eran varias ocasiones en las que lo habían llamado joven a pesar de que tenía cincuenta y tres años y sus sienes comenzaban a ser adornadas por unos pequeños hilos de plata, que le daban personalidad pues sus facciones eran de un joven de treinta años. Excepto cuando tenía algo en su mente que lo atormentaba; recuerdos del pasado que hacían estragos en su estado físico, mental y espiritual. Eso lo hacía envejecer al grado de que él mismo no se conocía cuando se miraba al espejo. Al mirar ese "otro Tadeo Morán" se repetía a sí mismo: "Ese no soy yo. Debo hacer algo de inmediato". Y como sabía qué hacer, no dudaba en dedicar horas o días en la recuperación de su juventud siguiendo métodos aprendidos durante su vida. Esos conocimientos los adquirió escuchando grandes maestros que le enseñaron el arte de saber vivir. Aún estaba en proceso porque los conocimientos que se adquieren, cobran forma cuando se practican con base en experiencias vividas y Tadeo Morán estaba viviendo experiencias. Algunas no tan buenas, pero esas eran las experiencias las que lo ayudarían a salir airoso de cualquier situación por difícil que fuera.

Un soldado aprende en el campo de entrenamiento lo básico para sobrevivir en una batalla, pero es en las batallas donde podrá demostrar lo aprendido. Allí es donde está la realidad de la vida o de la muerte. Lo mismo que en todos los conocimientos que se adquieren en los que va de por medio la integridad o la libertad.

Después de ese momento de distracción, Tadeo Morán se disculpó y le dijo al encargado del hotel que necesitaba un cuarto cómodo, pues él y su esposa deseaban descansar algunas horas. El encargado del hotel les dijo que tenía uno especial pero que el precio era más elevado que los demás debido a que contaba con servicios extra. Sin titubear Tadeo Morán le dijo que quería ese cuarto, que el precio no importaba.

El cuarto era de lujo, parecía increíble que en aquel pequeño poblado existiera un hotel que pudiera brindar tanta comodidad. Después llegó a la conclusión de que no tenía nada de raro ya que era un lugar turístico. Paty se dejó caer en la lujosa cama adornada con cabeceras doradas y con un colchón suave pero firme a la vez. Entrecerró los ojos y aún vestida se quedó dormida de inmediato. Tadeo la observó por unos momentos, se fue a un pequeño sillón del cuarto y se quedó dormido también; el cansancio y las emociones lo habían dominado.

No supo cuánto tiempo pasó, lo cierto fue que sintió algo muy suave en su mejilla. Era Paty que lo besó para despertarlo. Ella le dijo que habían pasado dos horas y que al despertar se dio una ducha y después habló por teléfono a la recepción para preguntar hasta qué horas había servicio de transporte. En la recepción le dijeron que la pregunta había sido tarde porque el último autobús había salido hacia 10 minutos, pero que comenzaba el servicio de transporte a las cinco de la mañana.

Tadeo Morán le preguntó que cuál era la decisión de ella, que si ella deseaba él pagaría un taxi. Ella contestó que sería un enorme gasto el cual ella no podía permitir, por lo que tomó la decisión de hablar con su mamá explicándole la situación, y después de hablar le dijo a Tadeo: "Problema resuelto, nos quedamos y salimos mañana temprano. Ahora si podremos dormir sin preocupaciones. Al decir dormir su tono fue pícaro. Miró a Tadeo y él comprendió y le dijo a Paty que se iría a dar una ducha también, pues la necesitaba.

Al regresar de la ducha Tadeo Morán se quedó sorprendido gratamente, Paty estaba sentada frente al tocador. Él llevaba puesto su pantalón pero de la cintura para arriba solo se cubría con una toalla que dejaba al descubierto un tórax atlético cubierto de bellos aún negros. Ella se paró y se acercó a él, tenía puesto un babydol color negro que dejaba traslucir sus contorneadas formas dignas de una estatua echa por algún escultor famoso. No dijeron nada, usaron solamente el lenguaje de la pasión, esa pasión que cuando se desborda rompe las barreras de la cordura, de la decencia, de las normas escritas. Esa pasión que hace que el hombre sea eso solo un hombre y que la mujer sea solo mujer dispuesta a entregarse al hombre que ha conquistado su corazón. Y Tadeo Morán había conquistado el corazón de Paty, un corazón limpio, joven y capaz de darle a un hombre lo suficiente para hacerlo feliz. Paty sabía que haciendo feliz a Tadeo Morán también ella encontraría la felicidad al lado de él.

Esa noche fue una noche de romance para los dos, después de todo ¿qué importaba el mañana? ¿Qué importaba lo que viniera después? Solo se entregaron el uno al otro, sin reservas, sin prejuicios, sin miedo. Disfrutando del máximo placer, una, otra y otra vez, hasta quedar exhaustos pero abrazados, muy abrazados y perdidos en la distancia y en el tiempo. Estaban fuera del mundo que los rodeaba, pero juntos muy juntos hasta quedarse dormidos en un sueño profundo, tranquilo, apacible, semejando un río en calma después de la creciente, o un mar en calma después de una tormenta. Afuera solo se oía el canto de los grillos y el murmullo del viento al pasar entre las ramas de los grandes pinos, como entonando una melodía para dos enamorados en medio de la noche.

El romance termina al llegar el nuevo día y para Tadeo Morán y para Paty, no hubo excepción. Iban de regreso al pequeño poblado donde vivían y sabían que ese episodio que habían vivido, marcaría sus vidas para siempre. Ahora volverían a sus labores cotidianas y solo quedaban los recuerdos de esa noche en que se identificaron como dos almas solitarias que se necesitaban mutuamente. De allí en adelante deberían decidir cuál sería el siguiente paso a dar para continuar viviendo un romance duradero y que de los dos dependía seguir en dicho romance.

Fue Tadeo Morán el que le pidió a Paty que se fuera a vivir con él a su casa. Ella le contestó que lo quería demasiado, que le tenía toda la confianza del mundo y que no dudaba de que ese ofrecimiento fuera sincero, pero que vivía con sus hijos y que no podía separarse de ellos. Pero que después de estar con él, los días se le harían largos sin él. A lo que él le contestó: "No es necesario esperar el fin de semana para estar juntos, me ofrecieron un carro y lo voy a comprar. Así podría recogerte en tu trabajo y nos vamos un rato a mi casa a descansar", mirándola le guiñó un ojo y ella comprendió. "De allí te llevo a tu casa, pero para eso tú me tienes que decir los días que desees estar conmigo. ¿Qué te parece?" preguntó Tadeo. Ella contestó: "Me parece muy bien pues yo quiero estar contigo el mayor tiempo posible". Dias después Tadeo Morán compro el carro que le habían ofrecido.

Todo iba muy bien por unos meses hasta que a Tadeo Morán le avisaron que la compañía en la que trabajaba se movería a otro estado. Eso hizo que Tadeo comenzara a sentirse un poco preocupado pues no quería alejarse de Paty ya que se sentía muy a gusto con ella. Él sabía que para ella también sería difícil una separación y después de saber esa noticia su vida comenzó a cambiar. No quería decirle a Paty nada hasta encontrar las palabras adecuadas para plantearle la situación. Pero ella lo notó a veces pensativo y cuando por fin Tadeo se decidió a decirle la verdad, ella rompió el silencio con sollozos y las lágrimas que salían de sus ojos conmovieron a Tadeo a tal grado que no sabía qué hacer en ese momento. Solo esperó que Paty se calmara un poco y le dijo: "Por eso no te lo quería decir, por no verte sufrir. Pero te prometo que esta separación no es por mucho tiempo porque en cuanto esté bien vengo por ti y por tus hijos. ¿Me crees?". Ella mirándolo a los ojos lo abrazó y le dijo: "Sí te creo, porque de no ser así no sé qué sería de mí ahora que había recobrado la fe en alguien. Esa fe que hace tanta falta para vivir día a día en un mundo que se torna difícil más para una mujer que vive sola. Me había resignado a vivir sola pero llegaste a mi vida y ahora al saber que te vas, no puedo imaginarme cual sería mi vida lejos de ti. Pero al decir que vendrás por mí, te creo y sé que cumplirás tu promesa, y si por alguna razón no puedes hacerlo, te pido que no me lo digas ahora, pues no estoy preparada para eso".

Esa tarde hubo un silencio pesado. Cada uno estaba sumergido en sus pensamientos; unos pensamientos tristes, amargos, de congoja, de desesperación, de un futuro incierto, de algo que amenazaba con destruir unas ilusiones, unos sueños, un romanche duradero, un romance que de una forma o de otra parecía que llegaba a su fin. Tadeo Morán dudaba de que la vida fuera como había sido hasta ahora. Él presentía que había nubes que cubrían los días brillantes que había disfrutado hasta ahora al estar con Paty; su ternura, sus caricias, sus besos, su risa y todo lo que provenía de ella con lo cual era inmensamente feliz. Solo bastó la noticia de su trabajo para que estallara la tormenta con toda su furia, como si el destino tuviera celos de que un ser humano como Tadeo Morán pudiera haber encontrado la felicidad otra vez después de ser feliz con Rocío, la "niña" convertida en mujer y que dejó una huella muy profunda en el corazón de Tadeo Morán.

Después de dejar a Paty en su casa iba pensativo, muy pensativo. Parecía que el camino que recorría casi a diario cuando regresaba de ir a dejar a Paty a su casa, y en el cual siempre regresaba feliz, ahora se le hacía pesado. Era demasiado escabroso, sentía los baches y en un momento de desesperación, miró una curva muy cerrada y un pensamiento cruzó por su mente: se imaginó soltando el volante y volando hacia el precipicio en el cual encontraría solo oscuridad y la paz que muchas veces había intentado encontrar sin conseguirlo.

De pronto reaccionó, se miró así mismo acusándose de ser un cobarde, con ese dedo acusador en el cual el peor juez es la misma persona que es honesta consigo misma. Que es capaz de causarse una herida con la verdad y no destruirse con la mentira en la cual hay apapacho. Y el ser humano se convierte en alcahuete de sí mismo que aparte de destruirlo, le hace tanto mal a los seres que ama y lo aman.

Se imaginó a Paty llorando su perdida y con la fe perdida, sin poder confiar en nadie más, se imaginó a su esposa allá en la lejanía, la cual no se resignaría a aceptar la realidad y a la cual la noticia de su muerte y en la forma que sería no podría soportar. Se imaginó también a esa mujer de ojos verdes que, en algún lugar del mundo, derramaría lágrimas, pues estaba seguro que nunca podría olvidarlo porque tenía huellas de él que eran imborrables.

Tadeo Morán se orilló aún sabiendo que era peligroso hacerlo en esa curva, pues era una curva demasiado cerrada. En el fondo se podía ver infinidades de hierro retorcidos causados por el impacto entre vehículos y rocas de algunos accidentes anteriores provocados por el exceso de velocidad de los conductores. Otros por el estado de ebriedad al perder el control del volante y otros, como Tadeo Morán, eran los que habían escogido el camino más corto para huir de algo que los atormentaba y que el resultado allí estaba, en aquellos que cuando reaccionaron ya era demasiado tarde pues hay circunstancias en las cuales no hay regreso.

Después de unos minutos de estar en ese lugar, Tadeo Morán pudo al fin darse cuenta de lo que trató de hacer. Supo que fue afortunado de no seguir adelante con tan funesta reacción de querer escapar por la puerta falsa. Tuvo la plena seguridad que allá en la lejanía, alguien había dicho una plegaria para que él estuviera bien, supo que el mundo en el que habitaba, mucha gente lo quería y lo apreciaba, supo que mientras haya vida hay esperanza, la cual muere con la muerte, supo que cuando hay voluntad se puede lograr lo que se desea lograr y se puede llegar a donde se desea llegar, supo que nunca es tarde para desandar el camino y retomar el camino correcto, así era Tadeo Morán y así sería por siempre mientras hubiera esa determinación de llegar a ser feliz algún día.

DEPREDADORES HUMANOS

Se acercaba el día de la partida de Tadeo Morán y estaba decidido a hablar con Paty y decirle que si al estar lejos alguien llegaba a su vida, que no se detuviera por causa de él. Pues siendo feliz ella, él también sería feliz. Y cuando estuvo frente a ella así se lo hizo saber. Ella le contestó que no habría necesidad de una separación, que ya había hablado con su madre y que ella estaba dispuesta a hacerse cargo de sus hijos mientras se los llevara a la nueva ciudad. Tadeo Morán le hizo saber que era una aventura y que no sabía exactamente como les iría, a lo que ella le contestó que a menos que él no quisiera que ella fuera con él, ella estaba preparada para lo que fuera y que además estaba acostumbrada a sufrir. Él miró tanta decisión en ella que terminó por decir: "Está bien, corramos esta aventura juntos y que sea lo que Dios diga".

Al día siguiente se miró a una pareja tomar un autobús que hacía un largo viaje. En él iban varias personas sumidas cada uno en sus pensamientos, unos en viaje de placer, otros iban a visitar a algún familiar, y una pareja iba en busca de una aventura en un lugar lejano. Tadeo Morán iba pensativo con la decisión tan importante que había tomado cuando aceptó que Paty se fuera con él. Nunca en su vida había hecho cosa semejante, como llevar una doble vida, viviendo con alguna mujer como en matrimonio.

Había tenido infinidad de aventuras cortas, pero nunca había vivido junto con ninguna mujer que no fuera su esposa, lo cual lo hacía sentirse mal. Sabía que había obrado mal, pero después comenzó a tranquilizarse porque sabía que las cosas se habían desarrollado en esa forma y dejó de pensar más en ello. Solo le pasó el brazo a Paty y la atrajo hacia él en señal de protección. Ella lo volteó a ver y se sintió segura y feliz de ir con el ser amado que el destino le había puesto en su camino, y poco a poco se fue quedando dormida.

El poblado era solido. Por las indicaciones que le habían dado a Tadeo Morán, debía caminar a pie por unas calles hasta encontrar la fábrica de productos de exportación. Tadeo Morán miró a Paty diciéndole: "Aquí es, solo que es muy noche y sería peligroso caminar a esta hora. Yo solo podría hacerlo, pero no quiero exponerte a un peligro". Dirigió su mirada a unas luces que se miraban a un centenar de metros y alcanzó a ver que se trataba de un bar. Las luces de colores se movían como invitando a los que quisieran beber para contrarrestar el sofocante calor que se sentía esa noche.

Era un lugar desértico, peligroso. Estaba rodeado de pequeñas colinas de arena. No había árboles, solo la gente que buscaba sobrevivir en ese lugar era capaz de vivir allí. En otras circunstancias, Tadeo Morán hubiera desistido de seguir allí, pero tenía la esperanza de que en un tiempo razonable, su situación económica, cambiara y podría incluso regresar al poblado donde conoció a Paty y poner un pequeño negocio para poder vivir modestamente.

Estaba sumido en esos pensamientos cuando unos potentes faros lo devolvieron a la realidad. Varios hombres que viajaban en una camioneta llegaron junto a ellos y uno de los que viajaban les dijo que se subieran, pero Tadeo Morán se dio cuenta que iba tomado y le dijo que le agradecía el ofrecimiento de ayuda pero que alguien iba a pasar por ellos en seguida. El hombre se bajó de la camioneta y se le quedó mirando a Paty, ella comenzó a ponerse nerviosa y se pegó al cuerpo de Tadeo Morán. El hombre rió estrepitosamente y dijo: "Pues esperarás tú porque ella viene con nosotros, ¿verdad muchachos?" Otros dos hombres se bajaron de la camioneta y dijeron: "Seguro que sí, no faltaba más" y se acercaron a las pequeñas maletas que tenían a un lado. Uno de ellos las tomó y las lanzó arriba de la camioneta y los otros dos se abalanzaron sobre Tadeo Morán y Paty que se soltó llorando, imaginándose lo peor.

Tadeo Morán sujetó por la cintura a Paty y comenzó a retroceder, sabía que estaban en peligro, sabía lo que sucedería si lo sometían. Aún así en esa desigualdad se preparó a defender a su pareja, a la mujer que confiaba en él, a la mujer que buscaba su protección. Y cuando los dos sujetos estuvieron cerca, su preocupación fue mayor al ver que los demás que viajaban en la camioneta bajaron también, eran varios y pensó que solo un milagro podría salvarlos.

No conocía el lugar y al ir retrocediendo tropezó con un rollo de alambre de púas que estaba junto a un poste de madera. Aún estaba engrapado a él y Tadeo Morán supo que podía usarlo como un arma en contra de los hombres que en esos momentos se habían transformado en bestias, unas bestias que deseaban causar daño, un daño que estaba a punto de consumarse.

El rollo de alambre de púas tenía pocas vueltas y Tadeo Morán se dio cuenta de ello. Cuando era casi un niño se divertía con un látigo que le había hecho su padre y se hizo diestro en su manejo al grado de que le servía para ahuyentar a los coyotes que lo rodeaban cerca de su casa queriendo comerse a las gallinas que se ponían a su alcance. Más de un coyote llevaba la marca de ese látigo el cual al golpearlos, les dejaba un surco de sangre en la piel, una marca dolorosa, una marca de fuego. Pero en esta ocasión, no se trataba de coyotes, era algo peor que eso, Tadeo Morán lo sabía, sabía que estaba en juego la vida de los dos y se preparó para lo peor.

Uno de los hombres corrió hacia ellos y Tadeo Morán no tuvo más remedio que lanzar el alambre de púas como cuando se lanza un anzuelo. El hombre no alcanzaba a mirar qué era lo que venía a su encuentro, solo sintió que algo se enrollaba en sus pies y que lo arrastró sin piedad. A pesar de estar borracho, sintió algo punzante en sus pies y sintió como pedazos de su piel se desprendían causándole unas heridas que le hicieron lanzar una exclamación de dolor. Los demás se quedaron parados, no sabían qué es lo que había pasado. No sabían si Tadeo Morán tenía un arma, lo que sí sabían es que tenían que rodearlo para acabar con él y quitarle a la mujer. Una mujer que sería un trofeo para ellos en medio de la noche y en medio de ese lugar que parecía olvidado de Dios.

Tadeo Morán se preparó de nuevo, sabía que el alambre no sería suficiente para detener a aquellos hombres convertidos en bestias. Para colmo de males, uno de los hombres dirigió la luz de un potente faro que llevaban en la camioneta, el cual cegó momentáneamente a Tadeo Morán. Entonces los hombres comenzaron a rodearlo, Tadeo sabía que era una lucha desigual, aún así lanzo el alambre de púas una, otra y otra vez. Sentía el chocar del alambre en el cuerpo de quien se atravesaba y ya no le importó donde hiciera estragos con esa arma que por fortuna hizo que no quedarán indefensos a merced de esas bestias, sin conciencia, sin temor, sin piedad.

Uno de los hombres logró sujetar el alambre de púas y Tadeo Morán supo que había llegado el final, pero en su afán de proteger a su compañera, a su mujer, a su amada a la mujer que sin medir las consecuencias de una aventura lo había seguido porque confiaba en él, y ahora por una ironía del destino quedaría sin esa protección, desamparada, humillada, ultrajada, se preparó a pelear con lo único que tenía; sus puños y sus pies. No se daría por vencido, no era un cobarde. Él era un luchador en todos los campos de su vida.

Por fortuna para él, ninguno de los hombres llevaba arma, ni trataban de usar algún objeto para golpearlo. La idea de ellos era someterlo sujetándolo y así demostrarle que él solo no podría con todos. Eran ocho hombres en total, parecían pordioseros, malolientes, sin aseo, todos sucios, como sucia era su mentalidad al quererle hacer daño a dos seres inocentes que el único error que habían cometido era querer ir a trabajar honradamente. Y allí estaban, a punto de morir posiblemente a manos de unos depredadores.

Uno de ellos trató de sujetar a Tadeo Morán, pero él lanzó su codo hacia atrás con toda la fuerza de la que era capaz. Se escuchó un grito y un crujir de huesos rotos, era la quijada del sujeto que no esperaba dicho golpe. Otro se paró frente a él tratando de golpearlo con los puños y se llevó un tremendo puntapié en sus partes íntimas que lo hizo caer revolcándose de dolor. Tadeo Morán no les daría tregua, sabía que en el momento que lo sujetarán estarían perdidos. Entonces tres de ellos se abalanzaron hacia él al mismo tiempo y lo sujetaron. A pesar de que Tadeo Morán hacía giros con su cuerpo tratando de zafarse de sus enemigos, alguien puso una soga en su cuello y no se pudo mover más.

Uno de los hombres sujetó a Paty y ella en su desesperación le mordió la mano a tal grado que le arrancó parte de la piel, por lo que el sujeto la soltó. Pero ella tenía tanto miedo que comenzó a llorar y cayendo de rodillas pronunció unas palabras con tanta fuerza que dejó momentáneamente paralizados a los abominables sujetos porque pensaron que la mujer se había vuelto loca. Ella dijo: "¡Dios mío ayúdanos!".

Hubo unos segundos de silencio, unos segundos en los que solo se oía la respiración agitada de esos seres despreciables que habían sido engendrados para hacer el mal, y que al oír aquellas palabras se soltaron riendo a carcajadas. Unas carcajadas que Tadeo había escuchado alguna vez y que en esa ocasión había resuelto una difícil situación, pero ahora estaba allí amarrado con una soga, esperando lo peor.

Los sujetos miraron a Paty de rodillas pidiéndole a Dios que los ayudara, y aunque tenía fe en los milagros, dudó por un momento. Pero cuando miró que dos de los sujetos se acercaron hacia ella, volvió a gritar otra vez y uno de los sujetos la tomó de los cabellos y en ese momento vieron una luz y escucharon un disparo, seguido de otro y otro más. El sujeto se alejó de Paty levantando las manos y tratando de retirarse, pero el hombre que portaba el arma le gritó: "No te muevas o te disparo al cuerpo". El sujeto se quedó parado y comenzó a temblar. Ahora las cosas se les habían complicado. En seguida apareció una mujer portando un uniforme. Llevaba unos binoculares infrarrojos con los que había visto la escena desde lejos. Luego llegaron otro hombre y una mujer más. Uno de ellos desató a Tadeo Morán, el cual presentaba un golpe en el pómulo derecho y una marca en el cuello de la soga con la que lo habían sujetado. Paty corrió a abrazarlo y llorando en forma compulsiva se aferraba a él diciéndole que Dios la había escuchado. Tadeo Morán la apretó contra su pecho y le dijo que era cierto eso, pues muchas veces él recurrió a Dios y había obtenido la ayuda de inmediato, pero que esta vez su misma preocupación por los sucesos le habían hecho olvidar que para que el mal pueda ser combatido se debe invocar el bien.

"Desde hace días buscábamos a estos delincuentes", dijo el uniformado que había llegado primero. "Lamentamos no haberlos podido atrapar antes, supimos que habían robado una camioneta y de no haber sido porque aún no cuentan con armas, posiblemente ya hubieran hecho demasiado daño. Ellos se escaparon de la prisión pero ahora irán a otra de máxima seguridad. Si necesitan algo díganos en qué podemos servirles" continuaron. La mujer con uniforme se dirigió a Paty y le dijo que si tenían a dónde ir a descansar. Paty le dijo que apenas habían llegado y que buscarían una dirección al día siguiente, por lo que la uniformada les contestó: "De ninguna manera, ustedes son mis invitados esta noche. Nos vamos a mi casa, tengo una recámara extra con todos los servicios, para que descansen y mañana los llevare a donde vayan". "Gracias, es usted un ángel" dijo Paty. "Llámame Liliana" dijo la uniformada. "Yo soy Paty y él es Tadeo Morán para servir a usted y a los demás que llegaron justo a tiempo. Diría que fueron enviados del cielo a rescatarnos" dijo.

La casa de Liliana era muy confortable, se notaba que era de una posición acomodada pues la casa era muy grande y contaba con alberca, invernadero y árboles frutales. Alrededor de la propiedad había palmeras y un arroyo pequeño corría junto al jardín.

Ya casi amanecía cuando Liliana les enseñó la recámara. Dicha recámara era grande, estaba arreglada con exquisito gusto. Tenía una cama matrimonial muy cómoda la cual invitaba al descanso, pero en esos momentos ellos deseaban quedarse solos para comentar un poco lo sucedido. Tenían mucho de que platicar después de aquella terrible aventura, que solo por un milagro no terminaron como muchos de los visitantes que llegaban a aquel lugar y que caían en las garras de malvivientes que se dedicaban a despojar de sus pertenencias a quienes se atrevieran a cruzarse en su camino.

"Mañana como a las 10 de la mañana almorzaremos, así tendrán tiempo para descansar", les dijo Liliana despidiéndose de ellos y cerrando la puerta. En cuanto se fue, Paty corrió hacia Tadeo y comenzó a ser sacudida por sollozos, pues había sido demasiado el miedo que sintió esa noche, y fue ahora que ya estaban a salvo que se dio cuenta de la situación por la que habían pasado. Tadeo la abrazó con ternura y fue calmándola poco a poco hasta que ella dejo de sollozar. Entonces le dijo que se bañara y que enseguida él haría lo mismo. Ella siguió su consejo y luego vio un golpe en el pómulo derecho de Tadeo que se había puesto morado. Sin embargo no le quitaba el aspecto varonil. Paty le extendió los brazos y él se dejó atrapar sin oponer resistencia. Sabía que había un premio para él por haber entablado un combate tan desigual, pero que en el afán de proteger a Paty no midió las consecuencias al enfrentarse a una manada de lobos hambrientos y sedientos de sangre, los cuales al final tendrían su merecido. Algunos ya estarían lamentándose de las heridas recibidas por su osadía.

Aunque estaba demasiado cansado, Tadeo Morán disfrutó de la pasión de Paty, pues ahora ella estaba convencida de que mientras estuviera al lado de Tadeo Morán, estaría protegida. Así que él la abrazó y ella se acurrucó cerca de su pecho y el sueño vino a ellos de inmediato. Eran casi las diez de la mañana cuando despertaron y se acordaron que Liliana los había invitado a almorzar.

Fue precisamente el olor a carne a las brasas lo que los despertó y con mucho apetito llegaron al comedor en el cual estaba Liliana esperándolos para almorzar. Una sirvienta les puso unos platos en la mesa y en seguida llegó con la carne a las brasas y una cazuela con los clásicos frijoles guisados. Así como con todo lo necesario para acompañar tan suculenta comida. Las tortillas hechas a mano eran el complemento perfecto para aquella ocasión. Nadie habló de lo sucedido la noche anterior, pues el caso estaba resuelto y ya no habría más pesadillas de allí en adelante. Solo se hablaba de lo bien que habían cocinado todo lo que había en la mesa y felicitaron a la sirvienta la cual se sintió alagada.

Estuvieron conversando después del almuerzo y Tadeo Morán y Paty agradecieron a Liliana por todo lo que había hecho por ellos. Ella dijo que se sentía feliz de que dos personas como ellos hubieran estado en su casa y que podían visitarla cuantas veces quisieran. Después los llevo al domicilio que Tadeo Morán le dijo y al llegar a la oficina de la compañía en la que Tadeo Morán trabajaría, se despidió de ellos.

El hombre estaba sentado en su escritorio y cuando vio a Tadeo Morán, de inmediato fue a saludarlo. Tadeo Morán le presentó a Paty como una amiga y el hombre comprendió de inmediato de qué se trataba, pero no dijo nada, pues la mayoría de trabajadores que habían seguido a la compañía desde tan lejos, habían llevado con ellos a sus esposas, o no precisamente a sus esposas. Pero el caso era lo mismo, pues de lo que se trataba era que desempeñaran una buena labor.

Al día siguiente se presentó Tadeo Morán listo para trabajar. Tenía en su mente poner todo su empeño en lo que hiciera, pues de ello dependía que juntara una buena cantidad y regresar para poner un pequeño negocio en el poblado donde conoció a Paty,

Así comenzó una rutina diaria, la cual era interrumpida por el día de descanso que tenían a la semana y que era solo el día domingo. Un sacerdote organizaba una misa en la mañana y otra en la tarde, Tadeo Morán y Paty asistían a la misa de la mañana y se les veía siempre muy juntos, parecían un matrimonio feliz. La mayoría de personas comentaban que eran una pareja ejemplar, sin imaginar que dentro de la conciencia de Tadeo Morán se generaba un remordimiento que le impedía disfrutar plenamente de la vida al lado de Paty. Pues a pesar de que ella era cariñosa y muy atenta con él, a veces lo notaba ausente. Como si no estuviera allí, como si nada más estuviera su cuerpo, pero su mente estuviera a miles de kilómetros de ella, con la mirada perdida en el horizonte. Y lo que más le preocupaba a Paty era que ella se había enamorado perdidamente de Tadeo. Al principio solo fue atracción, después fue admiración por él, por sus finos modales con ella y su caballerosidad, pero ahora estaba segura que era amor lo que sentía por él.

Lo peor para ella era una separación, pues tenía temor que un día Tadeo Morán decidiera regresar con su esposa, pues lo miraba escribir cartas con los ojos llorosos, que por más que Tadeo quisiera disimular, le era imposible hacerlo. Más a una mujer enamorada que estaba siempre pendiente de que él estuviera a gusto con ella, pues Paty lo complacía en todo lo que estaba a su alcance.

Era un día sábado cuando Tadeo Morán llegó a su casa, esa casa que aunque era pequeña tenía lo necesario para estar cómodamente en ella. Se sorprendió gratamente al mirar en el pequeño comedor un candelabro de bronce, unas velas un y mantel finamente bordado a mano. "¡Paty qué sorpresa!" ¿A qué se debe todo esto? ¿Es un día especial? ¿Qué vamos a celebrar?". "Nuestro aniversario, hoy cumplimos un año de conocernos. ¿Recuerdas? Preguntó ella mientras lo miraba a los ojos y buscaba en él algo que denotara la alegría que le causaba la noticia. Pero la sorpresa fue para Paty, porque Tadeo Morán solo cerró los ojos y guardo silencio. Quiso disimular pero ya era demasiado tarde, el daño ya estaba hecho. Quiso hacerse el fuerte pero unas lágrimas de dolor rodaron por sus mejillas y no era porque él no quisiera a Paty. La razón era que la amaba pero a su esposa también. Y que no podía corresponder plenamente al amor que Paty le ofrecía sin condiciones, sin reservas, sin titubeos, sin dudarlo un instante. Eso le dolía en el alma. No quería alejarse de Paty porque tenía que conseguir la meta que se había trazado.

Tenía que alejarse algún día pero eso sería cuando ella fuera capaz de vivir una vida sin sufrir carencias. Eso a él lo haría sentirse menos culpable. Le dolía mirar a Paty allí cerca de él como diciéndole: "¿En qué te he fallado para que no puedas ser feliz a mi lado?". Le dolía la tristeza que ella sentía por esa situación.

Él le dijo: "Perdóname, fue la emoción del momento y los viejos recuerdos". Ella se acercó a él diciéndole: "No te preocupes, yo comprendo. Pero ahora vamos a cenar algo que preparé especialmente para nosotros dos".

La cena resultó deliciosa, Paty se había hecho una experta cocinando y después de cenar ella trajo a la mesa un aromático té de caña y mientras lo tomaban lentamente, platicaron varias horas. Pero en dicha plática no hubo nada que los llevara hacia el pasado, solo hablaron de sus planes hasta que Tadeo mencionó el regreso. Fue ahora Paty la que cerró los ojos como enfrascada en una lucha demasiado cruel, sabía que el regreso le traería cosas imprevistas, quizá la tan temida separación. Pero acercó su jarrito de té y sonriéndole a Tadeo le dijo: "Salud por nuestro aniversario". "Salud" contestó él. Acto seguido se abrazaron y sentían cómo latían sus corazones que, aunque estaban separados por la distancia de sus cuerpos, parecían unidos por la fuerza del amor.

Era casi media noche cuando se fueron a su recámara. Ella esa noche se entregó a él como nunca lo había hecho y él le correspondió cubriéndola de besos y caricias. Y con sus manos entrelazadas se fueron quedando dormidos.

Al día siguiente Tadeo Morán parecía ausente en su trabajo, tenían que repetirle las cosas que debería hacer y continuamente se equivocaba al hacer algún trabajo que antes había hecho fácilmente. Su jefe lo notó pero pensó que sería cosa de un corto tiempo. Pero al pasar las horas era peor, Tadeo Morán se notaba pálido y se le veían los ojos enrojecidos. Para colmo de males no había dicho ninguna palabra. Eso era extraño en él, pues Tadeo Morán siempre llegaba al trabajo con mucho entusiasmo y sorprendía a sus compañeros, pues era muy diestro en lo que hacía.

Había reunido una pequeña fortuna en un año aproximadamente y la mayoría pensó que Tadeo Morán se había enfadado de ese lugar y que lo que él deseaba era regresar al lugar de donde había venido, que ya no deseaba estar en ese infierno. Sin imaginarse que el infierno de Tadeo Morán era más grande y que el problema era que no podía deshacerse de él por mucha distancia que pusiera de por medio. Era un infierno cruel, un infierno a veces frío que le calaba los huesos, la mente y el alma. Era un infierno que le quemaba de adentro hacia afuera, lo sofocaba y no lo dejaba en paz. Un infierno que muchos habían conocido y que al entrar en él, jamás pudieron salir hasta que les llegó la paz por medio de la muerte. Esa muerte que es la única salida para el sufrimiento. Esa muerte que a veces es benévola con el que no puede más.

"¡No puedo, no puedo más! Necesito tomar una decisión". Al decir esto, algunos compañeros de trabajo voltearon a verlo, y al preguntarle qué le pasaba, la respuesta de Tadeo los dejó asombrados: "Qué les importa, quítense de mi camino. Lárguense.

No me pasa nada". Todos guardaron silencio e imaginaron que algo grave le estaba pasando a Tadeo, pues nunca lo habían visto actuar de esa forma. Él siempre era educado y respetuoso con ellos. Lo único que uno dijo fue: "Ya se le pasará. Tal vez mañana nos cuente si tiene algún problema. De ser así veremos cómo podemos ayudarlo. Tadeo es un buen compañero. ¿O no compañeros?". "Claro que sí" contestaron casi al mismo tiempo todos.

Al día siguiente Tadeo Morán llegó al trabajo. Se le miraba apenado pero se dirigió a sus compañeros de trabajo y les pidió disculpas diciéndoles que había pasado por un mal momento. Uno a uno fue y le estrecharon la mano diciéndole que contara con todos ellos para lo que se le ofreciera. Tadeo Morán, lleno de emoción, les dio las gracias. Sabía que sus compañeros de trabajo también eran sus amigos y, aunque eran hombres rudos y algunos sin educación escolar, eran sinceros cuando se trataba de que ayudaran a alguien y le brindarán su apoyo. Para eso era capaces de compartir lo poco que tenían.

Esa noche mientras cenaban, Tadeo Morán miraba de reojo a Paty y la notó un poco pálida, pero no hizo ningún comentario. Pensó que era algo pasajero y al transcurrir los días, se olvidó todo lo sucedido y todo volvió a la normalidad.

Tadeo Morán le habia dicho al encargado de la compañía que estarían año y medio en ese lugar y que al término de esa fecha volverían al lugar de donde vinieron. Así al terminar de cenar le dijo a Paty: "Paty, deja lo que estés haciendo y ven junto a mí pues quiero decirte algo". Ella lo volteó a ver extrañada, pero fue hacia él. Tadeo la abrazó y dándole un beso le dijo: "Ya es tiempo de regresar, tenemos suficiente dinero para poner un pequeño negocio, pero será tuyo, te lo mereces pues de no haber sido por ti no hubiéramos salido adelante". "Pero ¿por qué mío? Si el que ha trabajado eres tú. El de la idea fuiste tú. Yo solo pedí que me dejaras venir contigo. ¿Quieres decir que aquí terminara lo nuestro? De ser así no quiero nada". Tadeo reaccionó, y de inmediato le dijo: "Déjame explicarte, el encargado de la compañía me ha pedido que me quede otros seis meses más y yo no puedo obligarte a que te quedes más tiempo. Tus hijos te necesitan, tu mamá es grande y deberías estar al lado de ella".

Paty volteó a mirarlo y no dijo nada. Se fue en silencio a la recámara y él se quedó pensativo, muy pensativo. Como buscando una solución a tan grave dilema que le presentaba la vida. Por un lado se sentía responsable por el bienestar de Paty y por otro lado se sentía culpable de haber dejado sola a su esposa. Pues hacia un año y medio que no la veía y, aunque le mandaba cartas, últimamente no había tenido respuesta, así que eso le preocupaba. Sabía que tenía que decidirse a resolver todo lo que estaba pasando, pero sin lastimar a nadie. El problema es que no sabía cómo hacerlo y eso lo hacía sentir mal.

Entró a la recámara y Paty fingió que dormía. De reojo miró a Tadeo Morán que ponía un sobre y un pequeño portafolio en el buró del lado de ella. En seguida se acostó al lado de ella y acariciándole los cabellos se quedó dormido.

A la mañana siguiente cuando Paty despertó, ya Tadeo Morán se había ido a su trabajo, se levantó y miró el portafolio. Cuando lo abrió vio todo el dinero que habían reunido y rápidamente tomó el sobre que estaba en el buró. Cuando lo abrió y leyó el contenido de la carta tuvo un negro presentimiento y corrió rumbo al lugar donde trabajaba Tadeo Morán. Esperaba llegar a tiempo de evitar una tragedia, ella notaba en la mirada de Tadeo Morán una tristeza que día a día no podía disimular. Aunque procuraba sonreír, no podía ocultar ser sorprendido por Paty cuando tenía la mirada perdida allá en el horizonte, y eso era un indicio de que algo malo iba a pasar.

TOCANDO LA PUERTA FALSA

Los remordimientos que sentía Tadeo Morán lo habían orillado a tomar una decisión, pues al estar casado si sufría un accidente, la compañía de seguros le daría una compensación a su esposa. Y con respecto a Paty, él le había dejado escrita una carta en la que le decía que si algo le pasaba, que procurara sobreponerse, pues él había sido muy feliz a su lado y que tratara de rehacer su vida, que al regresarse a su casa abriera el pequeño negocio que habían pensado abrir.

Lo que Tadeo Morán no sabía era que un día antes, Paty había ido a la pequeña clínica improvisada que habían hecho para atender a los trabajadores y a sus esposas y una doctora la recibió y le preguntó que si tenía algún problema de salud, a lo que ella le contestó que se sentía un poco mal y que aunque imaginaba de qué se trataba, quería estar segura de lo que ella pensaba.

La doctora procedió a hacerle unos análisis y el resultado fue que estaba embarazada. La noticia llenó de alegría a Paty, pues a pesar de que presentía que tendría que separarse de Tadeo Morán, ahora tendría un bello recuerdo de él, un recuerdo que la llenaba de esperanza, pues tendría el suficiente ánimo para salir adelante aún sin estar al lado de Tadeo Morán, si eso no pudiera ser posible.

"¡Tadeo espera! Gritó desesperada a pesar de la gran distancia que los separaba. Paty miró como Tadeo Morán se había bajado del gran montacargas que usaba una extensión que tenía controles para poderlos maniobrar desde abajo con la mano. Lo miró debajo de las pesadas planchas de acero haciéndolas girar lentamente y que supuestamente era para acomodarlas en unas bases construidas, para después usarlas en la construcción de los productos que se elaboraban en la compañía.

Tadeo Morán volteó la cara para mirar a Paty, que corría hacia él casi a punto de desmayarse. El esfuerzo había sido demasiado, Tadeo Morán corrió a su encuentro y al llegar a ella alcanzó a sujetarla por la cintura antes de caer desmayada.

Paty había adivinado los pensamientos de Tadeo Morán y, de no haber sido por eso, Tadeo estaría en esos momentos bajo toneladas de acero, sin vida, sin remordimientos sin tristezas, sin llorar, sin sufrimiento, sin pensar en nada más, pero sin vida.

Tadeo Morán había escapado de las garras de la muerte. Una vez más hubo algo que lo detuvo en el último instante. Cuando escuchó el grito de Paty, él estaba a punto de presionar el botón de los centros del montacargas. Ese botón rojo que dice peligro. En el que el conductor debe estar seguro de que la carga está en el lugar adecuado para presionarlo. Y Tadeo Morán estaba seguro de que las planchas estarían en el lugar adecuado. Después de presionar el botón rojo, estarían sobre él. A pesar de la enorme carga, era más pesada la carga que lo agobiaba y no lo dejaba vivir en paz.

Cuando Paty recobro el conocimiento, miró a Tadeo Morán, se abrazó a su cuello y lo cubrió de besos. Él estaba arrepentido de lo que iba a hacer y se sintió avergonzado cuando Paty le dijo que iba a ser papá. No pudo menos que disimular los sentimientos encontrados, Por un lado hubiera deseado que las cosas que había pensado se desarrollarán conforme a lo previsto, pero por otro lado sintió alegría pues supo que el resultado de un amor tan apasionado como el que sintió por Paty en la noche de la entrega en cuerpo y alma de ellos dos, estaba ahora allí, latente, palpitando en el lugar perfecto para su formación durante un proceso en el cual el debería ser un guardián para que a Paty no le pasara nada que pudiera poner en peligro la vida de ella y de su hijo o hija. ¿Qué más daba? Se repitió a sí mismo que lo importante era la nueva ilusión por la que luchar y vivir.

Pasaron los meses y Martín Morán vino a ser la alegría de aquella pareja que tomara el autobús para lejanas tierras, un lugar difícil, un lugar desértico, un lugar alejado de la ciudad, pero un lugar en el cual ahora podía haber felicidad, pues al nacer Martín, las cosas comenzarían a marchar bien para los tres.

A los pocos días del nacimiento de su hijo, Tadeo Morán decidió ir a ver a sus hijos y a su esposa, pues pensaba que debería hacerlo después de tanto tiempo de no verlos. Aunque les mandaba dinero, también era necesaria su presencia de vez en cuando, pues su esposa en sus cartas le decía que deseaba verlo y él no se perdonaría si a ella le sucediera algo por su culpa.

Habló con Paty y ella esta vez vaciló en contestar. Tadeo Morán supo lo que estaba sucediendo, conocía el cambio de semblante de Paty cuando ella no estaba de acuerdo en algo. Él le preguntó que si había algún problema en que fuera a ver a su familia y ella le contestó de mala gana que hiciera lo que quisiera, pero luego agregó que no debería ir pues su hijo estaba aún muy pequeño y que debería esperar a que pasara algún tiempo.

Tadeo Morán supo que en la mente de Paty se comenzaba a generar la duda con respecto a él. Pensó que por primera vez, desde que conoció a Paty, ella estaba celosa de su esposa y de sus hijos, y que el egoísmo que ella demostró en ese momento al decirle esas palabras, le dieron una imagen diferente de la Paty que él conocía. Él no entendía que Paty estaba en su derecho de expresarle su sentir, su preocupación y su miedo de perderlo. Él no se daba cuenta que ella trataba de defender lo que era suyo, porque así lo consideraba desde el momento que le dio un hijo y que ese hijo le había salvado la vida.

Tadeo Morán ignoraba que Paty tenía sentimientos de madre, de esposa, de amiga y de amante. Tadeo Morán ignoraba que cuando una mujer se enamora de un hombre, usa todo lo que esté a su alcance con tal de detenerlo, y en esas circunstancias no hay comprensión, no hay cordura, no hay nada que pueda hacer entender a una mujer que un hombre como Tadeo Morán, no puede ser atado por ningún motivo a una mujer, ni siquiera con la responsabilidad de un hijo. Por eso, contra todo, Tadeo Morán decidió seguir adelante con lo que había pensado hacer; un viaje, un largo viaje, para enfrentarse a un dilema que lo pondría a prueba una vez más.

Para ese entonces Paty contaba con la compañía de algunos familiares de Tadeo Morán que habían llegado a trabajar en otra compañía cerca de la casa de Tadeo y que le dijeron que si Tadeo iba a ir a su casa, que no se preocupara, que ellos estarían al pendiente de Paty y de su hijo.

Era de noche cuando Tadeo Morán llegó a su casa y miró la pequeña escalera que estaba en el frente de su casa, la cual usaban para subir al pasillo, pues la casa había sido construida en un terreno que no era parejo y quedaba a desnivel. Al pararse frente a ella tomó un pequeño respiro y subió, acto seguido tocó la puerta despacio, con inseguridad y lo que vieron sus hijos lo dejaron sorprendido. ¡Allí estaba ella! Tenía una falda azul claro y una blusa de encajes blancos. Sus ojos café claros parecían irradiar luz, una luz de alegría, de felicidad, de todo lo que Tadeo Morán deseaba ver en su esposa cuando llegara junto a ella. Tadeo Morán soltó la pequeña mochila que llevaba en la mano y abrazó fuertemente a Mariana, pero no tanto como para hacerle daño pues sabía que ella estaba enferma, aunque no lo parecía porque se veía muy bien. Ella estaba sonriente, llena de alegría. Lo miró una y otra vez a los ojos y le repetía, besándolo en los labios, en la cara, y acariciándole los cabellos, que no lo podía creer. "¡Tú aquí! No lo puedo creer. Estás aquí mi amor, ¡Qué feliz soy! Hijos vengan a ver a su papá que está de regreso y más nunca nos dejará solos. ¿Verdad que ya más nunca te vas a ir?". Tadeo

Morán sabía que debía contestar de inmediato, pero al intentar hacerlo y ver los ojos de Mariana sintió que el piso desaparecía bajo sus pies y que Paty estaba frente a él pidiéndole que no se fuera de su lado. Mientras que veía a Paty con lágrimas en los ojos pidiéndole que no se fuera, miró el bello rostro de Mariana, un rostro hermoso con bellos ojos café claros, mirándolo fijamente y haciéndole la pregunta que estalló en la conciencia de Tadeo Morán como un disparo que aturde, que duele, que mata, pero que mata el alma, no el cuerpo. Cuando muere el alma acaba todo y cuando acaba todo, ya no hay manera de retroceder el tiempo, al pasado, a lo que ya se ha hecho y que no se puede remediar.

Así que no lo dudó más, besando a su esposa le prometió que nunca más los dejaría, pues en ese momento no podía ni quería cortar el encanto, ni las ilusiones de su esposa; una esposa enamorada, una esposa que a pesar de que se imaginaba la doble vida y las infidelidades de Tadeo Morán, era una esposa fiel, a sus principios, a sus creencias, a su integridad personal. Era una esposa en toda la extensión de la palabra y Tadeo Morán lo sabía, lo sentía y estaba seguro de ello. Por eso le dijo: "No mi amor, no te dejaré nunca. Tú siempre serás mi esposa, ante la ley, y ante dios, y pase lo que pase, yo seré tuyo para siempre, y debes de saber que como te amo a ti, jamás amaré a nadie más hasta que muera".

En ese momento Mariana lo abrazó y le dijo: "Te quería dar una sorpresa y con la emoción del momento no hubo tiempo. El doctor que me ha atendido por años me ha dado la noticia que ya estoy en condiciones de llevar una vida normal como toda una mujer. Así que no tienes que preocuparte nunca más por el problema de mi corazón, me siento perfectamente bien de salud. Creo que la última separación, aunque fue muy larga, valió la pena".

Tadeo Morán no dijo nada, solo se le quedó mirando fijamente, admirándola y deleitándose con el rostro hermoso de ella. Dio gracias a Dios por haberle devuelto la salud a Mariana y, abrazándola por el talle, le dio un beso apasionado; un beso con todo el amor contenido, un beso en el que se juntaban el amor limpio, el amor sublime, el amor de esposo, el amor convertido ahora en deseo. En ese momento sus hijos salieron de la recámara. En su cara se reflejaba la alegría que les causaba el regreso de un padre ausente por mucho tiempo, que de no haber sido porque su madre los mimaba y les hablaba continuamente de Tadeo Morán como un hombre luchador, honesto, leal, con principios, con educación, la vida de sus hijos hubiera sido una vida vacía, sin ilusiones, sin esperanzas, no hubiera sido vida.

Se abrazaron todos formando un solo cuerpo sólido, indestructible, inseparable y con mucho calor humano. Con energía, con fe, con armonía y con todo lo necesario para ser una familia feliz. Nunca se imaginaron que el destino comenzaba a tejer la red en la cual algunos de ellos serían atrapados, lastimados, heridos y algunos de ellos destruidos.

Tadeo Morán presentía que todo lo que estaba sucediendo en ese momento era parte del juego de la vida en la que los jugadores esperan ganar el juego, pero nunca se dan cuenta de que pueden perderlo. En este caso perder el juego significaba perder algo tan valioso como es la fe en ellos mismos, en los demás y en el Creador. Pero Tadeo Morán tenía la convicción de que la mano del Todopoderoso siempre lo había escuchado y ayudado en los momentos más difíciles de su vida cuando más él lo necesito, y que su vida y su destino estaba en las manos de Dios.

Esa noche Mariana estaba feliz, Tadeo Morán se sentó en un sillón de la sala de su casa y Mariana se sentó en sus piernas acariciándolo como en los viejos tiempos. De pronto un pensamiento atravesó la mente de Tadeo Morán. Fue por un instante nada más pero fue suficiente para que Mariana sintiera ese instante de ausencia del ser amado y al preguntarle qué pasaba, Tadeo le contestó que era por tantas emociones recibidas ese día. Sin embargo, la verdad era que Tadeo viajó en un segundo hacia donde estaba Paty llorando por la impotencia de no haber podido retener al ser amado, el cual estaría en los brazos de su "rival en amores" como después lo mencionaría ella misma. Paty no podía evitar sentir celos de que Tadeo Morán, "su Tadeo", fuera compartido en esa forma, aunque fuera con su esposa. Eso ella no lo podía aceptar.

Tadeo Morán reaccionó de inmediato y depositó un beso en los labios de su amada, y como sucediera después de que habían salido del altar y haberse jurado amor eterno, la cargó en sus brazos y la introdujo a su alcoba para comenzar a acariciarla como en la primera noche que ella se entregó a él.

Tadeo Morán supo que debía vivir en el presente, en el aquí y en el ahora. Supo que debía de olvidarse del ayer y del mañana, y vivir plenamente el momento.

Fue para los dos una segunda "luna de miel" en la cual se les veía caminar por la calle abrazados y mirando los dos juntos un punto al que deseaban llegar unidos por la gracia de Dios. Un punto que era la culminación de lo esperado por los dos, mirar crecer a sus hijos y darles lo mejor sin separarse jamás.

Al paso de los días Tadeo Morán seguía enamorado de su esposa, su amor no tenía limitaciones. Le llevaba rosas de vez en cuando y a veces la llevaba a cenar a algún lugar y le pedía a algún trío musical una canción especialmente para ella. Así el tiempo transcurría feliz.

Un día Mariana sorprendió a Tadeo Morán muy pensativo y triste a la vez. Lo miró a los ojos y le dijo con una voz dulce y tierna llena de comprensión:

"Tadeo, quiero que me hables con la verdad. ¿Tienes algo que decirme que te atormente y que yo no sepa o que no deba saber? De ser así te pido por favor que confíes en mí. Sé que has tenido aventuras por ahí de vez en cuando, pero eso a mí no me importa. Lo que me gustaría saber es que si tienes algún hijo con alguna mujer. De ser así yo sabré comprenderte y después de que me lo digas la vida podría seguir siendo igual, o al menos eso es lo que pienso. Te hago esta pregunta simplemente porque he notado algo diferente a como eras antes".

Tadeo la miró a los ojos y le dijo: "No mi amor, lo que me preocupa un poco es que dejé algunos asuntos pendientes, algunos compromisos inconclusos con la compañía con la que trabajo y me gustaría regresar para dejar todo terminado". "Por un momento me preocupé, pensé que era algo más grave. De ser así yo sé que regresaras a terminar con los compromisos que te echaste a cuestas y no voy a detenerte. Solo te pido que si por alguna razón en algo me has mentido, me digas la verdad aunque sufra que por lo pronto sé que sabré sobreponerme" dijo ella.

Tadeo Morán ocultó la verdad y con eso se jugó el amor de su vida. Como cuando en un juego de cartas se espera ganar aún a sabiendas de que el juego está perdido. Tadeo Morán jugó y perdió la credibilidad por ocultar la verdad. Perdió la confianza del amor de su vida. Perdió por miedo, por indecisión, por falta de valor, por una mala jugada del destino, la estabilidad, la alegría de vivir y a sus hijos. Lo perdió todo.

"Tu ropa está limpia y tus zapatos boleados pues tus hijos supieron de tu partida, y no están tristes porque saben que volverás. Y yo tengo confianza en que volverás porque me lo has prometido. Yo sé que cumplirás tu promesa. Confío en ti porque debo confiar en el hombre que me juró amor eterno, en el hombre que escogí para toda la vida porque me juró estar conmigo hasta que la muerte nos separara, por eso confió en ti".

Tadeo Morán iba a decir algo pero ella lo detuvo. Quizá si ella no lo hubiera detenido, en ese momento él hubiera rectificado y le hubiera pedido que lo perdonara por haberle mentido. Pero era demasiado tarde, parecía que Mariana hubiera adivinado el infierno que Tadeo Morán estaba viviendo en esos momentos. Ella sabía por medio de rumores que Tadeo Morán tenía un hijo con una mujer, pero esperaba que él fuera sincero con ella y le dijera toda la verdad. Estaba dispuesta a perdonar cualquier error cometido por Tadeo Morán, pero no podía perdonarle que le ocultara la verdad porque eso echaría por tierra su confianza en él.

Aun así, ella tenía la esperanza de que solo fueran rumores, chismes de la gente que les tenía envidia, porque ya había habido casos en las cuales algunas gentes habían calumniado a Tadeo Morán, solo por perjudicarlo y hacerlo quedar mal.

Tadeo Morán llegó a su hogar junto a Paty y la encontró muy diferente. Ya no era la Paty amorosa que él conocía. Ahora era una Paty fría en su trato, en su comportamiento con él y se notaba que estaba molesta porque sabía que Tadeo Morán la había olvidado durante el tiempo que estuvo ausente. Casi no le dirigía la palabra, así que Tadeo Morán trató de hablar seriamente con ella y así lo hizo. Ella le confesó la verdad, le dijo que porque lo amaba, sufría cada noche imaginándose el romance que Tadeo Morán vivía con su esposa y que ese pensamiento se había anidado en su alma al grado que sufría mucho.

Él comprendió el daño que le había causado y le pidió perdón. Ella lo abrazó y le dijo que no podía seguir con esa actitud porque cuando lo conoció sabía que era casado y que él nunca la había engañado con respecto a sus sentimientos hacia su esposa. Le pidió que la perdonara y lo llevó junto a la cuna de su hijo que dormía sin imaginar el sufrimiento de sus padres.

La vida continuó durante unos meses más hasta que un día, Tadeo Morán nunca se imaginó que alguien en quien confiaba, le mandara unas fotos a su esposa en las que estaba con Paty y su hijo. Nunca se imaginó que por él no decir la verdad, causaría el rompimiento definitivo de ese hilo tan fino y tan fuerte que es el amor de un ser amado. Un hilo que cuando se revienta, no hay poder humano sobre la tierra que pueda unirlo otra vez.

Ese hilo del amor se había roto. Él lo sabía pero tuvo la esperanza de rectificar. Así que le escribió una larga carta a su esposa diciéndole que le había mentido y que estaba arrepentido por eso. Que lo perdonara, porque a ella era a la única que amaba y que nunca podría amar a nadie más con la intensidad con que la amaba a ella.

Mariana a su vez le dijo que lo perdonaba pero que por lo pronto le diera un tiempo razonable antes de regresar con ella, que ella le daría una señal de que podían continuar su vida juntos, aunque no como antes, pero que debía esperar a que las heridas cicatrizaran un poco, pues el haberle ocultado la verdad, le había hecho perder la confianza en él y Tadeo Morán así lo entendió.

Tadeo Morán esperó meses y años, y aunque mantenía comunicación con su esposa y sus hijos, se había resignado a perder a Mariana. Pero un día recibió un sobre grande en el cual venía la dirección del nombre de su esposa en el remitente, y pensando lo peor, pues pensó que eran papeles de divorcio, lo abrió, y lo primero que vieron sus ojos fueron unas fotos de su esposa.

¡Allí estaba ella! Lucía sonriente y hermosa. Parecía decirle a Tadeo: "Regresa, te perdono. Quiero ser feliz a tu lado otra vez". Luego comenzó a leer la carta y sus ojos se nublaron por el llanto, pues en esa carta precisamente su esposa le mandaba decir que lo perdonaba y que regresara con ella porque le hacía mucha falta. Tadeo Morán en esos momentos no sabía qué hacer. Quiso volar en ese instante para estar al lado de su esposa y decirle que si le oculto la verdad, fue por no enfrentarse a su mirada de decepción por haberle fallado, y que aún sabiendo que ocultarle la verdad era peor que decírsela, decidió correr el riesgo de perderla. Pero que para entonces ella ya estaría preparada para perdonarlo o pedirle que se alejara de su vida, pues ella era joven aún, y si decidiera rehacer su vida con alguien que no fuera él, no se opondría, porque cuando se ama de verdad no importa el sufrimiento con tal que el ser que se ama sea feliz.

Tadeo Morán se sintió impotente de ir hacia su casa de regreso, pues otra vez su conciencia se convertía en un juez implacable. Parecía que su conciencia cobraba forma y le decía: "¡Qué fácil decides los problemas!, pues tú correrás a los brazos de tu esposa y tu hijo y Paty quedarán solos, pero... anda ve... reúnete con tu esposa... compra el boleto de avión y regresa con ella, pero al menos despídete de Paty pues ella no merece que huyas sin siquiera decirle adiós. Enfréntate a tu realidad, por una vez en la vida has las cosas como se deben de hacer".

En la mente de Tadeo Morán se formaba un caos. Él siempre se jactaba de poder resolver los problemas de otros y ahora que estaba metido en una situación que se podría resolver de alguna manera, él no sabía la respuesta. Solo sabía que debía hacer algo de inmediato o la cabeza le estallaría en mil pedazos.

Era viernes se metió la mano a la bolsa del pantalón, ahí llevaba el sobre en el que tenía su cheque de pago de la semana. Fue a su casa y después de cambiarse de ropa, miró las fotos de su esposa, dobló la carta, la guardó en el sobre y pidió un taxi. ¿Por qué lo hizo? Ni el mismo lo supo. Solo supo que el taxista lo llevó a cambiar su cheque y después Tadeo Morán le pidió que lo llevara a un bar-restaurante a comer. Pidió una orden de comida, una cerveza y se olvidó que él no debía beber, porque ya había habido una ocasión en la cual paró de hacerlo porque tenía muchos problemas por perder el control después de beber cualquier licor. Hacía justo dos años que no probaba nada que contuviera alcohol, pero ahora allí estaba, solo en una mesa atendido por lindas meseras que miraban a un hombre, que con un sobre en la mano, les decía que era feliz porque el amor de su vida le había mandado unas fotos y una carta en la que le decía que lo amaba y que regresara con ella. Las meseras no sabían de qué se trataba, lo único que sabían era que tenían un buen cliente para esa noche y que había que atenderlo bien para tener derecho a una buena propina. En eso no se equivocaron pues Tadeo Morán era espléndido cuando de mujeres se trataba y más en esa ocasión que era muy especial.

Se acercó un hombre con una guitarra en la mano y Tadeo Morán le pidió que le cantara, "El Andariego" pues relacionaba su vida con esa canción, pero no fue solo esa canción, fueron muchas más que junto con más cervezas, hicieron que Tadeo Morán perdiera la noción del tiempo.

Cuando un hombre como Tadeo Morán tiene en la mente una tormenta de emociones incontrolables que se salen de su estado normal, produce un efecto catastrófico en su comportamiento, pues a pesar de que Tadeo Morán era un hombre educado, cortés, romántico y culto, después de ser presa de algo que le nuble la mente, reacciona como un monstruo que sufre una transformación. Con ella infunde temor y en esa transformación la gente puede ver lo que guarda en el interior de su ser; odio, cólera, resentimiento y miedo. Un miedo terrible a enfrentarse a la realidad de la vida, una vida llena de confusión, de pena, de sufrimiento, una vida vacía.

Allí estaba Tadeo Morán, ya no era el hombre vestido limpiamente, no era el hombre que entro al bar-restaurante sonriente, triunfador, seguro de sí mismo. Ahora era solo un hombre derrotado, triste, sin dinero, sin amigos y sin saber a dónde ir. Unas cervezas y unas canciones fueron suficientes para convertirlo en un guiñapo humano, en un hombre sin voluntad, sin futuro, sin dirección, sin vida, porque aunque no había muerto aún, sus movimientos torpes eran como los de un muerto salido de la tumba.

Solo el taxista se compadeció de él y lo llevó a su casa después de mirar la dirección en su cartera vacía. Ese mismo taxista puso unos dólares en las manos de Tadeo, una parte de lo que había recibido de el cuando se dirigía al bar-restaurante, . Solamente él comprendió la situación por la que Tadeo Morán estaba pasando, pues años atrás él estuvo en la misma situación, y de no ser porque recibió la ayuda de un grupo de gente buena, tal vez hubiera muerto.

Tadeo Morán despertó en su cama y sentía que todo le daba vueltas. Pensó que estaba viviendo una pesadilla. No podía creerlo, trató de levantarse pero sintió que todo giró a su alrededor y fue de prisa al baño a devolver el estómago con los ojos llorosos y enrojecidos por el desvelo y el esfuerzo que hizo. Luego se paró frente al espejo y jalándose los cabellos arrepentido, se repetía una y otra vez: "Dios mío, ¿qué es lo que he hecho? ¡No lo puedo creer! Esto debe ser una pesadilla. ¡Quiero despertar, quiero despertar!". Solo podía escuchar su voz, como si viniera de otra persona, y parecía acusarlo y señalarle en lo que se había convertido.

Amaneció y se escuchó el rechinido de la bisagra de la puerta de la recámara. Tadeo Morán trató de incorporarse pero no lo logró. Todo en su alrededor giró vertiginosamente y solo pudo agarrarse fuertemente de la cama para no caer. Así pagaba Tadeo Morán el error de beber en la forma que lo hizo. Así pagaba no haber pensado que para él estaba prohibido beber otra vez, su médico se lo había dicho y él mismo se lo había repetido infinidad de veces. Pero igual lo hizo aún sabiendo los estragos que le causaría.

Paty entró en ese momento. Iba seria y desvió la mirada cuando Tadeo Morán trató de disculparse con ella. "Discúlpame" dijo él. "No sigas. Anoche me ofendiste, me culpaste de lo que hiciste. Me insultabas a cada rato. Anoche terminaste con lo más bello que he tenido, con mis ilusiones, mi cariño hacia ti, el respeto que te tenía y mi admiración hacia ti. Lo eras todo para mí, pero ahora no eres nada. No quiero que me hables en el resto del día. Dormiré en la sala en la noche, mi amor por ti se ha terminado" dijo ella interrumpiéndolo.

Tadeo Morán se presentó a trabajar y sintió el día pesado. Apenas probó la comida que un cocinero de la compañía preparaba para los trabajadores. Cuando era la hora de la salida se le acercó un compañero de trabajo y le dijo: "Tadeo, te he visto muy mal este día. No sé lo que te pasa pero te invito un trago y así me cuentas a ver si puedo ayudarte". Tadeo Morán se quedó pensando, pero al fin le contestó que fueran por ese trago. La voluntad de Tadeo había desaparecido, de allí en adelante se le miraba en los bares y ya no le importaba lo que dijera Paty. Ya no le importaba discutir con ella cuando llegaba tomado. Después de todo, la mayoría de amigos que él conocía hacían lo mismo.

Paty se acostumbró al ritmo de vida que llevaba Tadeo Morán. A veces lo oía llegar a la una o dos de la madrugada y, sin cruzar una palabra, se dormía enseguida. Ella se compadecía de él y lo cubría con un cobertor cuando lo oía temblar de frío. Cuando habló seriamente con él, él reaccionó con calma diciendo: "Está bien, sé dónde está mi remedio y voy a volver a ser el Tadeo Morán que había sido antes, por el bien de todos, te lo prometo.

Tadeo Morán recibió ayuda de un grupo de apoyo y sus problemas comenzaron a resolverse. Supo que su esposa se había resignado a vivir sin él y eso le dolía en el alma, pero por lo pronto deseaba recuperarse de todo lo que había pasado y así comenzó a ver crecer a su hijo con Paty. Ese hijo que necesitaba su apoyo, su protección y su ejemplo. Por su parte, Paty recordaba lo sucedido y a veces la asaltaba el temor de que Tadeo Morán volviera a ser el hombre que dejara salir el monstruo que estaba dentro de él y que ese monstruo "inofensivo" en el cual a veces se convertía Tadeo, se mantuviera dormido gracias a que siguiera asistiendo a las reuniones de su grupo de apoyo y ayudando a otros a tomar las riendas de su vida.

Así pasaron varios años, Tadeo Morán mantenía comunicación con sus otros hijos y con su esposa pues no se había divorciado. Cuando iba a su pequeño poblado visitaba a su familia y a sus hijos, y aunque con su esposa tenia comunicación, ya no hubo amor, ni confianza. Tadeo Morán lo supo y no quiso insistir. Llegaba, se quedaba unos días y aunque su esposa no lo rechazaba, él sabía que ya jamás sería lo mismo, pues en la intimidad, solo había caricias frías que Tadeo supo que no eran caricias de amor, solo una aceptación de los hechos y los errores que terminaron con algo tan hermoso como es el amor puro. Un amor sin reservas, sin prejuicios y sin rencor. Un amor que termina cuando el ser humano falla en lo más fundamental, que es cuando oculta la verdad. Esa verdad que todos queremos saber, esa verdad que aunque duela, es la verdad.

TEODORO L MORENO

CAPÍTULO 5

La transformación

Había pasado varios años. Tadeo Morán era otro hombre. Se había mudado de ciudad. Ahora habitaba en una gran ciudad en donde aunque la vida era muy difícil, pero con el trabajo de él y el de Paty podían salir adelante, dándole la educación básica a su hijo.

El sueño de regresar a su pueblo y poner un negocio pequeño quedó en el olvido, pues debido a los acontecimientos tuvieron que hablar los dos tranquilamente acerca de lo que debían hacer y llegaron a la conclusión de que por lo pronto deberían trabajar y en unos cuantos años regresar a su pueblo y llevar a cabo sus planes.

Tadeo Morán, por su parte, comenzó a pensar en el futuro que le esperaba. Había encontrado otro trabajo estable en una compañía en la que desempeñaba un trabajo que a él le agradaba.

Además la compañía le daba todos los beneficios y él se sentía realizado porque eso era lo que había deseado hacer desde que era joven. Tuvo que esforzarse mucho en su preparación, pues estaba consciente que si deseaba superarse en todos los campos de su vida, debía prepararse para ello. Así fue como comenzó la meta de darse a conocer aportando ideas, sugiriendo cambios, haciendo trabajos de excelencia en los cuales continuamente era felicitado. Entonces comprendió que para ser alguien en la vida, se debe poner todo el empeño que esté a nuestro alcance, y que con el tiempo se lograrán los resultados que se buscan.

Pero había algo que siempre tuvo en mente, ese algo era la búsqueda de las cosas buenas de la vida. Entre esas cosas estaba el poder permanecer joven y no importaba lo que tuviera que hacer, él se dedicaría a buscar algo que le diera la clave para adquirir esa juventud que día a día se va alejando para no volver jamás.

Comenzó leyendo libros, estudiando casos en los cuales se hablaba de poder detener el paso de los años, pero no de detener el tiempo, pues eso solo el creador de todas las cosas habidas y por haber puede hacerlo. Para poder encontrar lo que buscaba asistía a conferencias de importancia en las cuales se hablaba del inicio de la creación. También se hablaba de cómo al ser humano no envejece por el paso del tiempo, sino por muchas cosas que desconoce y que cuando se da cuenta que podía haber evitado el envejecimiento, es demasiado tarde. Él deseaba encontrar esos secretos antes de que fuera demasiado tarde.

En su búsqueda fue afortunado porque conoció a un gran maestro que tenía mucho conocimiento en lo que respecta a la sabiduría que se adquiere leyendo, practicando y enseñando. Al conocerlo, Tadeo Morán se remontó a la época de su niñez en la cual un anciano sabio le dijo que se volverían a ver algún día porque no se desharía tan fácilmente de él. La diferencia de edades entre el anciano sabio y el gran maestro le hizo pensar a Tadeo Morán que no eran la misma persona, pero cuando lo escuchó hablar no le cupo la menor duda que era él mismo, pero que había rejuvenecido.

El gran maestro lo invitó a una conferencia en la cual Tadeo Morán se llenó de conocimiento, y cuando le dijeron que si deseaba dar su opinión de qué le había parecido la conferencia, él comenzó a hablar así: "Yo soy Tadeo Morán, un eterno buscador de las cosas que me hagan vivir bien". Esa frase la adoptaría en las demás presentaciones que tuviera en el futuro, porque estaba consciente de que en realidad él deseaba dedicarse a buscar las cosas buenas que lo hicieran vivir bien, pues estando bien él, todos los seres que amaba y que confiaban en él, estarían bien también.

Asistía a todas las conferencias que le fueran posibles. No escatimaba esfuerzo, ni tiempo ni dinero cuando de asistir se trataba porque consideraba que era una inversión a largo plazo. Era una magnifica inversión, para su conocimiento, para su futuro, para vivir bien y para de alguna forma ayudar a la gente que necesitaba de sus consejos.

Tenía la convicción de que estaba en el buen camino. Comenzó a tener entusiasmo por la vida y comenzó a ser capaz de levantarse cada mañana y darle gracias a Dios por lo bueno que había sido con él. Hasta fue capaz de agradecerle que lo dejara caminar por caminos equivocados pues ahora tendría la experiencia de haber vivido y sentido el rigor del resultado de los errores cometidos.

Para reforzar lo que estaba haciendo, un día leyó una frase en la cual encontró un buen mensaje, esa frase decía: "Vacía tu bolsillo en tu mente que tu mente se encargará de llenar tu bolsillo" Benjamín Franklin.

Aquella frase causó un impacto tremendo en lo que él hiciera de allí en adelante porque comprendió que todo lo que hiciera, todo lo que intentara hacer, implicaría inversión de por medio, y que si "las cosas que valen la pena, se hicieran fácilmente, cualquiera las haría".

Tadeo Morán sabía que en su caminar se enfrentaría a una serie de tropiezos y privaciones. Que llegaría el momento en el que la duda y la desesperación se apoderarían de él, y cuando experimentó lo que había pensado por anticipado, supo que todo sacrificio tiene su recompensa, y que al final los buenos resultados son en base a un mérito y no en base a obtener fácilmente las cosas que uno desea, porque las cosas que llegan fácilmente a nuestra vida, no se les da el valor que en realidad tienen, fácil llegan, fácil se van.

Tadeo Morán estaba preparado para enfrentar la vida, sabía que el pasado era cosa del pasado y ahora podría disfrutar del presente, el aquí y el ahora. Podría enseñarle a los demás seres humanos que para poder disfrutar de la vida, se debe estar vivo antes que nada, y estar vivo es estar plenamente consciente de que tenemos cinco sentidos que son un regalo del creador. Que al perder alguno de ellos, por gusto o descuido, nuestra vida no será completa pues habrá algo que falte para completar el ciclo diario de la vida de cada uno de aquellos que les falte lo esencial. ¿Y qué es lo esencial? Es tener los cinco sentidos funcionando como una máquina perfecta fabricada por Dios.

Conforme Tadeo Morán se adentraba más en los conocimientos del mejoramiento de la vida del ser humano, se dio cuenta de que ahora la alta tecnología había venido a mejorar la comunicación entre los seres humanos. Con ello se había acortado las distancias, y era fácil hablar con alguien hasta en el último rincón del mundo. Sin embargo también se dio cuenta de que causa divisiones entre seres humanos debido a que ahora se miraba a las parejas reunidas en el parque y cada uno con su celular, entretenidos espalda con espalda, testeando con otras personas que nada tenían que ver con la persona que estaba a su lado. Se dio cuenta que al salir con Paty a algún lugar, ella recibía una llamada de vez en cuando que echaba a perder los planes que tenían, y por lo tanto debían volver a casa. Se dio cuenta de que muchas veces al ir manejando, recibía llamadas poco importantes que lo distraían. También se dio cuenta de que la gente desconocía el verdadero uso que se le debería dar a cada cosa. Por eso tomó una drástica determinación para resolver el problema que le causaban las llamadas.

Comenzó por dejar un mensaje en su teléfono que decía: "Por favor deje su mensaje, en cuanto pueda le regreso la llamada porque yo no contesto el teléfono cuando voy manejando, cuando estoy comiendo, cuando estoy durmiendo o cuando estoy haciendo mi ejercicio de meditación". Los amigos y familiares le preguntaban: "Oye Tadeo, ¿entonces cuándo podemos llamar y tener la suerte de que nos contestes en el momento en que te llamemos?". A lo que él les contestó que era así mismo, cuando tuvieran suerte.

En la vida suceden cosas muy extrañas y en la vida de Tadeo sucedió una que lo puso a pensar que las cosas suceden por algo y que no es necesario buscarles explicación, simplemente suceden.

Una noche, al irse a dormir, sintió o presintió algo a lo cual no le dio gran importancia. Lo cierto es que no podía conciliar el sueño. Pensó que sería por el cansancio, las emociones del día o por algo que le estaba pasando, pero que después investigaría el porqué de todo eso. Luego de que logró dormir, su sueño se tornó pesado. No supo lo que soñó. Lo cierto es que su celular comenzó a sonar, y extrañado, porque había olvidado apagarlo como hacía todas las noches, casi de mal humor revisó un texto de su hija que decía: "Mi mamá acaba de perder la batalla, ya está con Dios".

En ese momento se paró de inmediato, se fue a la sala y en seguida se fue a lavar la cara al baño, pues pensó que quizás el texto que leyó no era para él o que era una broma. La realidad era que el destino sí le jugaba una broma cruel. Una broma tan fuerte que, de no haber sido porque su fe, su fortaleza y su convicción de que debía conservarse sin beber ninguna clase de bebida que contuviera alcohol, Tadeo Morán hubiera sucumbido a la tentación de abrir una botella de esas que había dentro de una vitrina donde tenía bebidas para ofrecerle a las personas que lo visitaban, pero que no tenían ningún problema tomándose una copa de licor.

Leyó de nuevo, y al saber que el texto realmente decía lo que él leyó al principio, una cortina de lágrimas en sus ojos le impidió leerlo otra vez. Intentó mandarle un mensaje de aliento a su hija y no pudo hacerlo. Trató de hablarle y solo balbuceó unas cuantas palabras. Estaba aturdido, sabía que a su esposa la habían llevado al hospital debido a una fractura de un pie, pero no pensó que las consecuencias de aquella fractura fueran fatales. Él no lo podía creer, y si alguien que no fuera su hija le hubiera dado esa noticia, jamás lo hubiera creído, pero su hija no podía engañarlo. Se dejó caer en un sofá y lo primero que dijo fue: "Dios mío ayúdame en este momento, te necesito". Y la ayuda vino.

Tadeo Morán supo en ese momento que debía conservar la lucidez para poder hablar con su hija, que en ese momento se encontraba con su madre muerta. Una madre que fue la adoración para ella, una madre que se ocupó de educar y de hacer crecer a sus hijos. Una madre en toda la extensión de la palabra. Una madre como hay muchas en la vida que sufren, que lloran. Una madre que no pudiendo detener al amor de su vida y que termina por olvidar un daño recibido y lo convierte en amor para dárselo a sus hijos. Una madre inerte que jamás volverá a sufrir porque con la muerte se ha liberado de la pesada carga de arrastrar con el olvido del ser que un día la amó con toda la intensidad de la que fue capaz. Una madre que desde el cielo observaría y abogaría por alguien que desde aquel instante se sintió indigno de seguir viviendo. Ese alguien era Tadeo Morán, que postrado de rodillas imploraba perdón a ese amor que quizás con el último aliento de su vida, le habría dicho: "Adiós amor mío, te espero en el cielo y allá nada ni nadie nos podrá separar".

RECUERDOS DOLOROSOS, RESIDUOS DESTRUCTIVOS

Habían pasado algunos meses y parecía que Tadeo Morán se había resignado a la pérdida de su esposa, o al menos él lo pensaba así. Pero un día que iba a su trabajo, quiso oír música en vez de las noticias de la mañana y cuando cambio de estación escuchó algo que lo movió en las fibras más íntimas de su ser, era la canción: "Bésame Mucho" de Consuelo Velásquez, y le pareció que se transportaba a la casa donde vivía su esposa y la miraba con su vestido blanco de encajes, que tanto le gustaba. Fue solo un instante y solo el claxon de un pesado tráiler que pasó a su lado, lo hizo regresar a la realidad. Esa realidad que muchas veces sintió que lo sofocaba. En algunas ocasiones cuando estaba comiendo, trabajando o descansando, pensaba en que después de la muerte de su esposa, nada sería igual para él porque había abrigado la esperanza de volver algún día y recuperar su amor. Aunque para eso tuviera que sufrir los reproches de ella continuamente, él estaba seguro de que aunque no hubiese amor de su esposa hacia él, él si la amaría y solo le pediría que lo dejara estar a su lado y que recibiera el amor que guardaba para ella.

Ahora era demasiado tarde, ella jamás regresaría. Ella no lo abandonó porque quiso, no abandonó a sus hijos porque sí. Si tuvo que partir fue porque había cumplido su misión en la tierra después de dar fruto, después de amar a Tadeo, después de darle amor, después de darle la alegría de unos hijos, después de perdonarlo por sus errores. Ahora estaba en paz con la vida.

Tadeo Morán no pudo seguir manejando. Un nudo en la garganta y una cortina de lágrimas frente a sus ojos le impedían ver. Así que se salió de la carretera y lloró. Allí en el volante de su camioneta dio rienda suelta a un torrente de lágrimas que parecían ahogarlo,- Aún se preguntaba por qué había sucedido todo tan rápido. La muerte de su esposa no era una muerte como todas las demás. Se sentía culpable porque a veces pensaba que su esposa se dejó morir. Pensó que había perdido el entusiasmo por la vida al saber que todo lo que había pasado no tenía retroceso y que Tadeo Morán ya no era el Tadeo que conocía. Su Tadeo era muy diferente al Tadeo que la llevó al altar y que le juró fidelidad. Jamás estaría segura de su amor y quizás por eso ya no quiso luchar para vivir.

Poco a poco Tadeo se fue serenando. Solo le quedaba la esperanza de morir para ir a su lado, pero ya no pensó en la salida rápida. Sabía que había mucho por hacer, sus hijos lo necesitaban. Aunque ellos no dependían de él, sabía que habría ocasiones en las que recurrirían a él en busca de ayuda y no necesariamente económica, sino como padre. Sabía también que Martín Morán necesitaba de él pues era casi un niño, un niño que le había salvado la vida cuando el peso de sus culpas no lo dejaban en paz y trató de causarse aquel accidente que hubiera sido fatal. Así estuvo hasta que se calmó y volvió a manejar rumbo a su trabajo. Sabía que se le había hecho tarde, pero en la compañía donde trabajaba lo querían y lo consentían al grado que a veces podía salir temprano, mucho antes que los demás.

Cuando regresó a su casa, lo primero que hizo fue hablar con su gran maestro. Tenía meses que no hablaba con él y cuando lo hizo, le platicó todo lo que le estaba sucediendo. Ya le había dicho antes que su esposa había fallecido, pero no le dijo que no podía aceptar tal suceso. "Precisamente vamos a dar un curso en el cual tocaremos ese punto. Sí es que no me vayas a poner ningún pretexto para no asistir. Es más, te voy a anotar como ayuda para los asistentes que estén pasando por una experiencia similar. Después de tu participación habrá una conferencia con un mensaje a las personas que no se pueden resignar a haber perdido a un ser querido, así es que prepárate y procura llegar a tiempo al curso" le dijo su gran maestro.

Tadeo Morán se presentó con mucho tiempo de anticipación. Se notaba el nerviosismo en él y cuando lo nombraron para que participara, caminó con paso firme ante los asistentes. Acto seguido, comenzó a hablar y desde el momento que comenzó a hablar se fue sintiendo liberado de la pesada carga que sentía, pues miraba a los asistentes que, a pesar de ser muchos, guardaron silencio desde el inicio de su participación. Después vino la conferencia acerca de "El viaje sin regreso".

Tadeo Morán confiaba en que después de esa conferencia, su vida cambiaría para bien. Él se había esforzado por aprender infinidad de cosas que lo ayudaran a ser un hombre preparado y se había prometido a sí mismo que cuando estuviera listo para ayudar a la gente, lo haría poniendo todo lo que estuviera de su parte. Sin importarle si la gente se lo agradecía o no, si le darían reconocimientos o no, si ganaría dinero o no. Simplemente lo haría porque él sentía la necesidad de hacerlo para sentirse bien consigo mismo.

Desde el momento que escuchó las primeras palabras del conferencista, en su mente comenzaron a formarse imágenes de todos los seres que habían partido y que al recordarlos le causaba mucho sufrimiento. Miró a sus padres, hermanos, tíos, y parientes lejanos. Así como amigos que apreciaba. De repente entre dichas imágenes apareció su esposa, y en ese momento comenzó a sentir un nudo en la garganta que no lo dejaba respirar. La persona que estaba hablando lo miró y Tadeo Morán sintió su mirada como si el hombre que estaba hablando, lo calmara con dos frases que él nunca olvidaría; "La muerte es solo un sueño prolongado, solo que de el sueño se puede despertar, de la muerte no, aunque se han dado casos en que algunos han regresado o creen que murieron y regresaron" y "la vida es un tren en el que vamos de paseo junto con todos los seres que amamos. Al subir a él escogemos los lugares y queremos ir junto al ser que más queremos. Aunque decimos que a todos los queremos, siempre habrá alguien a quien queremos más y que deseamos estar junto a él, el mayor tiempo posible, y cuando llega el momento que por cualquier circunstancia de la vida él o ella tiene que bajar, a nosotros queda un vacío como si se desprendiera parte de nuestro cuerpo, y muy en el interior comienza a generarse una zozobra que al inicio es algo que no alcanzamos a definir. Nos asalta la idea de que quizá nunca más volveremos a ver a ese ser querido. No importa que sepamos a donde va y en donde nos reuniremos después, es una sensación casi imperceptible, pero es allí donde comienza nuestro malestar. Solo cuando alguien en quien confiamos se acerca a nosotros y nos dice: "No te preocupes, nada puede separar a un ser amado, así sea la distancia, el tiempo o incluso la muerte".

En ese momento comprendió lo que el conferencista quiso decir: "Nada ni nadie puede separar a aquellos seres que se amen de verdad".

El hombre continuó: "...porque el tren de la vida no tiene regreso. Todos vamos a un solo lugar en el cual convergen todos los trenes. Es la estación final a la que muchos no desean llegar porque tienen la idea de que allí termina la vida, que allí termina todo y que la muerte está esperando a los que llegan. Eso a muchos les causa pavor sin saber que la estación final es donde convergen todos los trenes y, que antes de continuar el viaje, hay un tren "especial" esperando para transportar a las personas que han cumplido su misión en esta vida a un lugar privilegiado en el cual no existe nada que pueda perturbar la paz y la armonía que debiera existir entre los seres humanos, los cuales han sido creados a semejanza del Creador para vivir sin molestia ni perturbación alguna. Casi todos los seres humanos, con excepción de algunos cuantos, desconocen que en esa estación final, nos encontraremos con nuestros seres queridos. Es allí cuando al abrazarlos y decirles cuanto los amamos, reímos y lloramos junto con ellos, les pedimos perdón y los perdonamos. Es el momento en que sabemos que ha valido la pena el viaje, y la sensación de felicidad que podremos vivir en un instante, no se compara con todos los momentos felices que hemos vivido a lo largo de nuestra existencia. Es allí donde el ser humano se da cuenta que la vida es un largo sueño interrumpido bruscamente por pesadillas que no nos dejan disfrutar la vida plenamente, solo cuando se llega al final, se logra la culminación de lo que el ser humano persigue día con día; paz, tranquilidad, armonía y amor".

Cuando terminó de hablar el conferencista, la gente reunida aplaudió por varios minutos hasta que alguien hizo uso de la palabra y comenzó a llamar a los asistentes a una reunión en privado para cada uno señalándoles el lugar y la hora. Para ese entonces, Tadeo Morán estaba tranquilo, pensativo, repasando todo lo que había escuchado y en su semblante se notaba la sensación de tranquilidad que sentía después de la conferencia.

Cuando llegó el momento de asistir a la sesión en privado, Tadeo Morán sintió que estaba a punto de liberarse de una pesada carga. Su cuerpo experimentó una sensación de positivismo que nunca había sentido antes. Sus pasos se hicieron ágiles para llegar al lugar privado donde recibiría la sesión. Él desconocía quién lo ayudaría a completar su liberación del gran peso de conciencia que cargaba y del cual no se podía liberar por más esfuerzos que hacía. Al girar la perilla para abrir, ahí estaba el noble anciano que conoció en su niñez. Se veía tranquilo, pero cuando lo vio entrar casi corrió hacia él extendiéndole los brazos, y diciéndole: "Te dije que nunca te librarías de mí. ¿Cómo estás? Te ves...". "Necesito su ayuda" lo interrumpió Tadeo.

Un fuerte abrazo prolongado fue la respuesta del anciano, que a pesar de ser un gran maestro no pudo evitar que la emoción lo traicionara y unas lágrimas de felicidad se asomaron a sus ojos. "Por fin después de tanto tiempo" dijo el maestro. "Sí maestro. No sabe cuánto me alegra haberlo encontrado" respondió Tadeo. "Yo ya sabía de ti Tadeo. Lo que sucede es que hay cosas en las que no puedo intervenir, ni solucionar, porque como todo ser humano tengo limitaciones. Pero dime algo que yo no sepa para ser liberado de alguna carga que te atormente y no te deje en paz" le dijo el anciano.

Tadeo Morán comenzó a hablar, y el noble anciano constantemente movía la cabeza en señal de desaprobación. Lo miraba, que de vez en cuando era sacudido por sollozos, mientras de sus ojos salían lágrimas de arrepentimiento sincero, de un hombre que había vivido una vida equivocada, una vida sin un rumbo fijo, sin brújula que lo orientara para saber a dónde dirigirse, y que al caminar a ciegas solo conseguía perderse en la oscuridad de la ignorancia, porque es la ignorancia la que hace que la gente se adentre en un laberinto sin salida en el cual no existe el ayer, el ahora ni el mañana.

Poco a poco Tadeo Morán se fue calmando, como cuando después de la tormenta, solo se escucha el correr del agua apacible, tranquila, quieta. Fue entonces que la sabiduría vino a ser el complemento para cerrar definitivamente las heridas que tenía Tadeo Morán. Esas heridas que él solo se fue causando. Al principio por desconocimiento, después porque ya no tuvo otra salida sino herirse a él mismo para no seguir hiriendo a los demás ya que no tenía otra opción.

El anciano le dijo con una voz como un susurro que apenas era capaz de escucharse a pesar del silencio que reinaba en el cuarto donde se realizaría la sesión de liberación de tan pesada carga. "Tadeo, he llegado a la conclusión de que ahora lo único que te atormenta es la partida de tu esposa. Quiero que te concentres en dos cosas muy importantes: primero que recuerdes los momentos felices con ella y los pequeños detalles que tuviste hacia ella que la hicieron vivir momentos felices. Segundo, concéntrate en las cosas que le hiciste mal, y si lo hiciste por maldad o porque había algo que justificara lo que hiciste, no ante los ojos de los seres humanos, sino ante ti mismo. Ahora pon en una balanza imaginaria las dos cosas; las buenas y las malas. Mira la inclinación de la balanza. No me digas qué ves, solo mira todo eso en tu mente, medita unos segundos y seguimos".

Tadeo Morán entrecerró los ojos, respiró y exhalo profundamente de acuerdo a lo aprendido en la meditación. Al principio su cara no denotaba emoción alguna, pero después de unos segundos su rostro adquiría cambios; a veces sonreía y después vino el dolor a su cara, para luego de alguna forma adoptar una apariencia tranquila, aunque no del todo porque en su ceño se notaba un poco de tristeza.

"Ahora el siguiente paso es que imagines a tu esposa cuando era niña en alguna foto que hayas visto de ella, o simplemente imagina a una niña que se le parezca. Luego de que la veas observa quién está a su lado. ¿Miras a alguien? Observa a quien la toma de su mano, ¿Puedes ver quién es?" preguntó el maestro. "Sí, es un ángel que me mira y con una de sus manos me dice adiós, pero no está triste. Me sonríe… Ahora dan la media vuelta mientras se alejan y ella voltea a verme y me sonríe otra vez. Se ve feliz" dijo Tadeo. "Claro que se ve feliz, ella te ha perdonado. De ahora en adelante puedes estar en paz aunque aún te falta mucho por hacer para que al fin puedas descargar la pesada cruz que llevas a cuestas, y solo lo lograrás cuando termines con una delicada misión que te será encomendada, dicha misión la sabrás a su debido tiempo" le dijo el maestro.

El curso que recibió Tadeo, junto con el ejercicio llevado a cabo en la sesión con el noble anciano, lo ayudó a armar el gran rompecabezas de su vida. Ese rompecabezas que le faltaba la última pieza para saber que su vida estaba en orden, y cuando todo está en orden se puede vivir una vida completa, sin que le falte nada.

Tadeo Morán entendió el significado de la misión cuando se encontró con Leonardo Moreno. Ese reportero que buscaba un artículo para un periódico local. No fue casualidad, ese fue el momento oportuno para que Tadeo Morán pudiera poner enfrente de la gente su vida plasmada en unas páginas que serían de gran ayuda para mucha gente que quería evitar los errores que Tadeo Morán había cometido. Ahora Tadeo podía prevenir que mucha gente saliera dañada o dañara a sus seres queridos.

Pero la misión apenas comenzaba, y fue precisamente Leonardo Moreno quien tendría que poner en práctica muchos de los conocimientos de Tadeo Morán, pues aprendiendo de él, mucha gente podría recibir la ayuda que tanto necesitaba para poder llevar una vida ejemplar. Una vida llena de valores aprendidos de un libro que Leonardo Moreno jamás imagino hacer, pues su pensamiento era solo elaborar un artículo que causara impacto hablando de Tadeo Morán como un hombre poco común, pero al fin y al cabo, solo se trataría de un artículo y nada más.

Leonardo Moreno pensó que aquí culminaba su libro y estaba preparándose para ponerle algo al final. Solo que muy en el fondo él no deseaba terminarlo sin que hubiera un final que impactara aún más a sus lectores. Así que comenzó a pensar en hablar con Tadeo Morán acerca del final de su libro, le preguntaría si habría algo más que quisiera agregar porque necesitaba estar seguro de que la historia de él llegaba a su final.

Tadeo Morán sonrió cuando Leonardo Moreno le preguntó si podía concluir la historia de él. "Mira Leonardo, existen cosas en la vida que deben empezar desde el principio para darte una idea de lo que vendrá después. Lo que sigue será una experiencia que te hará reflexionar. Existen cosas en las que los seres humanos no creemos. Hay cosas que existen y no las vemos porque la verdad es que lo que parece real es irreal y lo que parece irreal es una realidad. Nosotros los seres humanos nos aferramos a la idea de que las cosas reales son todo lo que podemos ver y lo que podemos tocar, y que las cosas irreales solo existen en la imaginación de gente débil que se conforma con soñar y vivir de ilusiones. Lo que la mayoría de la gente desconoce es que todo lo que vemos y tocamos puede desaparecer de nuestra vista. No importa si es en forma rápida, que dilate unos segundos, o es en forma lenta en la que pasen años. En cambio existen cosas que perduran para toda la vida y esas cosas jamás desaparecen ni se destruyen. Te mencionaré unos ejemplos; mi esposa era real, la veía, la tocaba y ya no está. Tenía amigos y familiares que miraba y abrazaba y se han ido. En cambio tenía fe y esperanza, y aunque no la podía ver ni tocar, las conservo todavía. Tú serás alguien que desempeñará una misión, y en esa misión obtendrás la satisfacción de cambiar el curso de una vida, de un pueblo, de una nación, y por qué no del mundo entero. Lo que viene después es algo que será la culminación de tu libro, pero solo puedo adelantarte que lo que vendrá, no sería posible si no estuvieras preparado para ello. Estoy completamente seguro de que eres una persona digna de confiar y por eso es que tendrás el privilegio, que pocos han tenido. Algunos han pasado pruebas muy difíciles de superar pero lo han logrado, pues han tenido fe, una fe inquebrantable en la que a veces está de por medio la vida de un ser querido. Sé que estás preparado para eso, pues he notado en ti una lealtad que pocos tienen. Me siento orgulloso de ser tu amigo, sé que lograrás superar todo lo que se te presente" le respondió Tadeo Morán.

Se acercaba el final de la historia de nuestro escritor, y aunque Leonardo debía experimentar la satisfacción de haber cumplido con su cometido, la idea de Tadeo Morán era que la juventud recibiera un legado de su parte para que cuando ellos captarán el mensaje del contenido de su historia, les fuera posible rectificar el camino cuando se dieran cuenta de que estaban siguiendo la senda que a Tadeo Morán le causó mucho sufrimiento. Tadeo Morán tenía la desdicha de cargar en un rincón muy escondido en su conciencia, el peso enorme de algunos de sus errores que le marcaron su vida para siempre. Esos errores que en la juventud no se les da importancia, pero que al paso de los años se convierten en horrendas pesadillas de las cuales es muy difícil despertar. Tadeo Morán había buscado por todos los medios arrancar de una vez, y para siempre, esos recuerdos que lo atormentaban. Incluso hubo momentos en que deseó morir pero hubo algo que lo hizo desistir de tan descabellada idea. Ese algo fue para Tadeo Morán la tabla salvavidas que lo hizo tomar una decisión; juró solemnemente desechar cualquier pensamiento que atentara contra su vida o contra la de los demás. A este hecho le agregó la promesa de que dedicaría el resto de su vida a ayudar a los demás, sin importar si los demás quisieran recibir su ayuda o no.

Esa fue la razón por la que él estaba seguro que después que Leonardo Moreno terminara de escribir la historia de su vida plasmada en las páginas de un libro, finalmente podría encontrar la paz que siempre andaba buscando.

CAPÍTULO 6

EL SECRETO DE TADEO MORÁN

Tadeo Morán había llegado a apreciar a Leonardo como si fuera alguien muy cercano a la familia y así se lo hizo saber. Por eso un día, mientras caminaban hablando de la culminación de su obra, Tadeo Morán le habló así: "Ha llegado el momento de que conozcas uno de los secretos que ni mis hijos ni mi compañera saben. Mañana iremos a lo alto de aquella colina y nos veremos aquí mismo antes de que se ponga el sol. Espero que vengas solo, sin cámaras, grabadoras, libretas ni nada que pueda impedirte concentrarte en lo que vas a observar".

Al día siguiente ahí estaba Leonardo muy puntual, llevaba puestos unos jeans y una camisa de mangas y una chamarra de mezclilla. Leonardo quedó asombrado de lo que vio; Tadeo Morán llevaba puesto un smoking, un sombrero de copa alta y un anillo de oro con diamantes incrustados y en el centro del anillo un enorme rubí que despedía destellos de luz aún cuando apenas comenzaba a oscurecer, cosa que le llamó poderosamente la atención a Leonardo. También del cuello de Tadeo, pendía un enorme medallón de oro cuajado con rubíes, diamantes y esmeraldas, colocados de tal forma que hasta para el mejor orfebre se le haría difícil hacer ese diseño que sobrepasaba cualquier obra de arte conocida.

Aún no salía de su asombro cuando escuchó a lo lejos algo que le pareció el trote de unos caballos que se acercaban hacia ellos y cuando supo de qué se trataba, efectivamente era un carruaje tirado por cuatro caballos al estilo de la época medieval. El blanco pelaje de los caballos era finísimo, parecían de la mitología griega. El cochero era un hombre con uniforme blanco y sus modales parecían ser de un fiel sirviente de un rey.

Leonardo Moreno no podía pronunciar palabra alguna. Creyó que había caído en un profundo sueño y pensó que de un momento a otro despertaría a la realidad, y eso lo lleno de inseguridad. Su mente regresó tiempo atrás cuando sentía una impotencia enorme por no poder demostrar su talento aún cuando estaba seguro de que era un buen escritor.

Aunque Leonardo era muy optimista, había momentos que se deprimía porque le había prometido a su novia Vanessa que en cuanto lograra tener éxito como escritor o como reportero, se casaría con ella pues su amor se acrecentaba día a día y deseaba unirse a ella para caminar juntos sin tener que separarse jamás.

Había encontrado en ella la pareja ideal que lo alentaba y lo llenaba de caricias que hacían que él se sintiera feliz a su lado, pues al sentir su cuerpo tibio experimentaba una sensación de gozo, que aún siendo un escritor para él era muy difícil describir con palabras. Él solamente sabía que no era necesario morir para poder sentir la gloria, aunque fuera solo un momento al lado del ser que se ama.

El amor y la pasión que sentía por ella era lo que lo empujaba a ser uno de los reporteros más tesoneros del equipo de aquella empresa de una revista semanal. Él escribió uno que otro libro que apenas le dieron ganancias para sobrevivir, pues sus gastos eran altos debido a que debía andar presentable a la hora de hacer una entrevista, y más si se trataba de un personaje famoso. Supo que todo era real cuando el cochero en voz baja y ceremoniosa le dijo a Tadeo Morán: "A la hora que usted diga nos vamos señor". Acto seguido Tadeo Morán asintió y entraron en el carruaje. El carruaje comenzó a avanzar, se escuchaban los cascos de los caballos, que emitían sonidos metálicos al contacto con el empedrado que cubría la calle que los llevaría a la salida del pueblo para tomar la angosta carretera en espiral para subir a la colina.

"LA MANSIÓN"

Leonardo Moreno se hacía muchas preguntas, pero no encontraba respuestas lógicas para todo lo que estaba comenzando a observar, pues no tenía ni la más remota idea de quién era en realidad Tadeo Morán. Sabia solamente lo que él le había dicho acerca de su vida, pero él paso desapercibidas muchas cosas pues cuando conoció a Tadeo Morán jamás se imaginó que un simple juego del destino lo haría sumergirse en una apasionante aventura como en la que por primera vez en su vida, él era uno de los protagonistas. Y que si en muchas ocasiones intentó buscar algo que lograra impactar la mente de sus lectores, ahora el impactado era él.

Leonardo quedó maravillado de la perfección con la que había sido construido ese carruaje; forrado de piel suave muy fina, con faroles a los lados y estribos de madera brillante y muy sólida. Los asientos un poco reclinados hacia atrás invitaban a disfrutar de un viaje placentero, porque dichos asientos le brindaban al viajero una suavidad que cualquiera se hubiera quedado dormido al viajar en esa forma, pero Leonardo no podía ni quería hacerlo. Pues estaba demasiado intrigado solo de pensar cuáles serían las demás sorpresas que recibiría esa noche.

A lo lejos se comenzaba a distinguir una muralla, y conforme se iban acercando, la muralla tomaba forma. Esa muralla protegía una enorme mansión con estatuas de piedra labrada entre los hermosos jardines que la rodeaban y la cual tenía una hermosa fuente de aguas cristalinas. En el centro de la fuente había cuatro elefantes de mármol con colmillos de marfil real. Los cuatro elefantes cargaban una figura en forma de bola que representaba el mundo, el mundo que Tadeo Morán tenía en su mansión y que había mandado construir para permanecer en ese mundo el mayor tiempo posible, pues dentro de ese mundo el tiempo podía ser revertido debido a lo que ese mundo emanaba en su interior.

Llegaron a la entrada principal de la mansión y el criado sonó una campanilla que se encontraba en la pared. De inmediato se abrió la gran puerta y varias personas formaron una fila a los lados de la entrada que semejaba un palacio, pues cuando iban caminando, Leonardo Moreno no dejaba de admirar el gusto tan exquisito de Tadeo Morán al mandar hacer cada detalle de la mansión.

Al entrar al gran salón, incrustado en la pared había algo muy especial, era un enorme cuadro el cual llamo poderosamente la atención de Leonardo y es que en ese cuadro se miraba a Tadeo Morán acompañado de una mujer con un resplandor en el rostro que evitaba que se vieran sus facciones. En ese cuadro, con marco de fina madera y filos dorados, se podía adivinar que el pintor había ocultado la belleza de la mujer que apenas dejaba entrever unas hermosas facciones y un cuerpo maravilloso.

Leonardo Moreno no hacía preguntas pues se sentía absorbido por un mundo lleno de magia y fantasía. Otra vez pensó que estaba soñando y esta vez sí tuvo miedo de volver a la realidad pues lo que estaba viviendo era algo jamás imaginado. A pesar de que era un escritor acostumbrado a adornar sus artículos con fantasías, supo que todo lo que escribiera no podría describirse con palabras. A eso se refirió Tadeo Morán cuando le dijo que esta vez no quería que nada le impidiera concentrarse en lo que iba a observar.

Al ir caminando hacia el gran comedor, había un espejo que ocupaba una gran parte de la pared, y no por ser tan grande fue que llamo la atención de Leonardo Moreno. Lo que llamó su atención era que ese espejo reflejaba su imagen muy diferente a los demás espejos. Era tan especial que Tadeo Morán lo llamaba "El espejo de la verdad" porque en él se reflejaba la verdadera personalidad de quien pasara frente a él. Otra vez Leonardo se quedó con la duda y solo pensó que ya habría ocasión de que Tadeo le dijera el porqué de las cosas que a él le parecían extrañas.

TEODORO L MORENO

CAPÍTULO 7:

LA MUJER SIN ROSTRO

Tadeo Morán parecía leer el pensamiento de Leonardo. Le hizo una seña con la mano y lo invitó a entrar en un pequeño recinto donde había unos sillones tejidos con finos cordones de seda. Lo invitó a sentarse y acto seguido le dijo: "Sé que estás impaciente por saber algunas cosas que para ti son extrañas e increíbles. Si tienes preguntas puedes hacerlas ahora porque nos falta mucho por recorrer".

Leonardo moreno le hizo la primera pregunta, aunque había muchas más pero esta le parecía importante. Así que le dijo: "Me llamó mucho la atención la pintura de la mujer que está en el cuadro de la pared, pues solo se miran unas líneas casi imperceptibles para el ser humano. ¿Quién es? Tadeo Morán le contestó evocando tiempos pasados que esa mujer sin rostro son muchas mujeres en el mismo cuadro, y que la razón de por qué no tiene un rostro definido es porque lo mandó hacer exactamente así. "La persona que pintó el cuadro me dijo que necesitaba la foto de la mujer, y yo le dije que la quería sin rostro, por lo que el pintor solo siguió mis indicaciones sin pedirme ninguna explicación. Hizo una obra de arte. ¿No lo crees así? Preguntó Tadeo. "Pero, ¿una mujer sin rostro? Ya sé lo que vas a decirme. Una mujer sin rostro no es nadie a menos que alguien le ponga el rostro que se quiera ver" contestó Leonardo. A lo que Tadeo le dijo: "Estás en lo correcto, ese alguien que le pone un rostro soy yo. Te voy a explicar: En mi vida ha habido muchas mujeres, no te las puedo nombrar, pero fueron muchas. Pero solo algunas de ellas dejaron una huella imborrable en mí. Algunas huellas son profundas, muy remarcadas y otras menos profundas, pero no por eso dejan de ser huellas, y cuando quiero recordarlas, solo basta pararme frente a ese cuadro y ponerle el rostro de quien desee recordar. Sin importarme si al lado de ellas fui feliz o infeliz, le pido al creador que las bendiga, sin importarme si están aquí o en el más allá. Es un tributo a ellas por ayudarme en los momentos en que las necesite, pues de cualquier forma estar al lado de una mujer es lo que me hizo vivir la vida plenamente. En el momento en el que les pongo el rostro con mi imaginación, parecen mirarme y darme las gracias por hacerlas felices",

Al contestar esta pregunta Tadeo Morán cerró los ojos, y como evocando las imágenes de todas las mujeres que formaron parte en su vida, pareció detenerse en una en especial cuyo rostro pareció esbozar una sonrisa. Respiró profundamente y pronunció unas palabras casi imperceptibles, que de no ser porque había silencio en ese instante, Leonardo no las habría escuchado. Esas fueron: "Sé que me esperas, sé que me amas, allá iré a donde tú estás y ya jamás te dejare".

EL ESPEJO DE LA VERDAD

¿Tienes otra pregunta más antes de seguir? Preguntó Tadeo. "¿El espejo tiene algo especial? Preguntó Leonardo. "Sí, ese espejo lo adquirí en una subasta. Tiene un cuadro muy hermoso y la gente que acudió a la subasta estaba ofreciendo mucho dinero por él. La competencia estaba en su apogeo, el precio llegó a una suma muy elevada, pero el vendedor dijo unas palabras que hicieron dudar a la mayoría de los que deseaban comprarlo. Les dijo que el espejo tenía la particularidad de reflejar la verdadera personalidad de quien se parara frente a él y que la persona que estuviera parada enfrente se miraría como en un espejo común y corriente, pero solo el dueño del espejo podría mirarlo tal cual era, y además el espejo captaría las imágenes de todos los que pasarán enfrente de él como si se tratara de una cámara con memoria propia, para después proyectar esas imágenes cuando se llegara una fecha especial en la que estarían reunidos, si es que deseaban saber cuál era su verdadera personalidad. Cuando el vendedor del espejo dijo esto, nadie le creyó, pero yo miré tanta seguridad en él al hablar de esta particularidad del espejo, que le dije que yo lo quería al precio que fuera, y al no tener contrincante, el espejo fue mío. El vendedor luego me dijo que deseaba hablar en privado, si es que tenía tiempo. Yo le dije que no había ningún problema y cuando estuvimos solos me dijo que ese espejo él lo había heredado de sus ancestros y que lo único que sabía es que sus ancestros lo habían adquirido de un rey de oriente, pero que ese rey les había dicho que su procedencia era un misterio y que había una fecha para poder saber lo que él les había dicho, acerca de que el espejo reflejaba la verdadera personalidad. Esa fecha especial está próxima, es cuando termina el año a las 12 de la noche. En ese momento suceden tantas cosas que quien las vive, jamás las podrá olvidar. Nos falta solo un mes para esa fecha y ya estamos haciendo los preparativos para hacer la primera reunión en el salón de la mansión, y como el espejo está en la única entrada al salón, la imagen de todos los asistentes quedará grabada para que en la segunda reunión que hagamos al finalizar el año sepan cuál es su verdadera personalidad.

Es posible que la mayoría que sepa su propia personalidad, se decepcione de sí mismo, pero esa es la finalidad de todo esto, pues el ser humano siempre está dispuesto a cambiar y si ese cambio se llevara a cabo en la mayor parte de los seres humanos, el mundo que les heredaremos a nuestros hijos sería diferente. Por eso estoy seguro de que tu libro cambiará el destino la gente que lo lea.

"Tadeo, ¿cómo es que habiendo tanta riqueza en esta mansión, me refiero más que nada a las piedras preciosas que están a la vista en las paredes, no han sido robadas? Pues me di cuenta que la gente que habita aquí parece ser humilde, sin armas, o al menos yo no les vi arma alguna para poder defender lo que hay aquí". Tadeo Morán sonrió y dijo: "Este es un lugar muy especial. Es un mundo de fantasía en donde los milagros se realizan. Ha habido personas que han intentado entrar a la mansión para robar y cuando lo hacen viven una experiencia que ningún ladrón ha tenido jamás, y no me refiero a que les pase algo malo, no. Simplemente se dan cuenta de que es imposible sacar nada de este lugar, pero para que sea más fácil haremos algo que solo será para que te des una idea de lo que sucede con la persona que toma algo de este lugar. Yo sé que tú eres un buen hombre y que la tentación de tomar algo no está en tu mente, solo te pido que confíes en mí y que sepas que nada malo te pasará si sigues mis indicaciones. Toma este cuchillo y desprende unas esmeraldas de la pared, ponlas en el bolsillo de tu pantalón y dirígete a la salida. Yo te seguiré detrás. Haz de cuenta que quieres hurtar las esmeraldas y pon atención en todo lo que pase. Yo he visto en el espejo que eres digno de confianza, así que solo hazlo".

Leonardo tomó el cuchillo y desprendió varias esmeraldas que puso en su bolsillo, después camino hacia la salida y cuando casi estaba a punto de salir, las esmeraldas habían desaparecido de su bolsillo. "No lo puedo creer, ¡desaparecieron!" dijo Leonardo asombrado. "Acuérdate de que te dije que aquí todo es posible y que suceden cosas que no las creerás aunque las veas. ¿Tienes otra pregunta antes de continuar? Preguntó Tadeo. A lo que Leonardo preguntó que cómo había adquirido esa mansión y si era suya porque seguro valía una fortuna. "Sí, la mansión tiene un valor incalculable, pero debes saber que al igual que esta mansión, hay muchas más en todo el mundo, que de no ser así, la humanidad hubiera sido destruida por los mismos seres humanos, pues las mansiones tienen la finalidad de mantener el equilibrio universal con los principios que existen para tal propósito. Esos principios que han sido quebrantados causando muchos estragos en la humanidad.

En cada mansión existe un guardián que se encarga de velar porque todo se conserve intacto para llevar a cabo una misión que es la de propagar la fe y en ir más allá de la vida ordinaria que viven los seres humanos, así como de ayudar a quien le pida la ayuda en cualquier momento. Ese guardián de la mansión se encarga también de organizar reuniones en las cuales asisten gentes que también tienen una misión, y es que esas gentes están preparadas para ayudar y en el momento de hacerlo llevan cada uno a un invitado, por lo que cada año se multiplican extendiéndose poco a poco. En la mayor parte del mundo algunos se integran a religiones, otros a diferentes agrupaciones que desempeñan labores de rescate a los seres que necesitan ayuda. Verás a muchos reunidos en el fin de año. Tal vez conozcas a algunos o tal vez no, lo que sí te puedo asegurar es que al entrar en la mansión, su vida cambia para bien.

Con respecto al dueño de la mansión, le pertenece al Creador de todas las cosas habidas y por haber. No la adquirí, solo se me encomendó que me convirtiera en guardián de ella y que desempeñara la misión que se me encomendaba. No recibo paga alguna por hacer lo que hago, mi beneficio más grande es la satisfacción de ser útil. Claro está que dispongo de todo lo que deseo y todo lo que deseo puedo tenerlo con solo desearlo, claro que tienen que ser cosas que en realidad necesite, de lo contrario eso no sería posible.

Cada uno de los siervos que viven en la mansión sabe lo que tiene que hacer. No necesitan que nadie los mande. Todo está sincronizado de tal forma que la mansión ha permanecido desde tiempos inmemorables.

Como guardián de la mansión tengo algunos privilegios, como tener el cuadro de la imagen de "La mujer sin rostro". La servidumbre que está a mis órdenes recibe todo lo necesario para vivir dignamente ya que saben de la misión y lo que cada uno debe hacer. Todos están preparados para ser guardianes. Todos tienen conocimientos de la vida y de la muerte. Todos practican la lealtad y son fieles a la causa y todos están listos para ayudar a sus semejantes en el momento preciso y también tienen la oportunidad de vivir una juventud sin límite. ¿Tienes más preguntas? Dijo Tadeo. "Sí y perdona que te la haga ahora. Cuando estabas frente a la mujer sin rostro escuché algo que me tiene intrigado. Dijiste: "Sé que me esperas, sé que me amas, allá iré donde tu estés y ya jamás te dejare". Si tienes la facultad de vivir joven por siempre quiere decir eso que ¿serías capaz de renunciar a ese privilegio por ir a donde está tu esposa?" preguntó Leonardo. Tadeo Morán hizo un movimiento con la cabeza en señal de asentimiento y le explicó: "Sí Leonardo, eso deseo yo pero sería cometer una equivocación más. Recuerda que tengo una misión y cuando esa misión esté cumplida, habrá una señal para poder ir al lado de ella sin tener que morir. Por lo pronto tengo que conformarme con mirarla en ese cuadro y saber que para el amor verdadero la materia no es necesaria. Solo la pureza de un alma puede redimir a alguien como yo y deseo purificar mi alma antes de ir hacia ella. Lo haré haciendo méritos. Es un poco complicado. Tal vez después tengamos tiempo para escribir uno más de tus libros sobre viajes astrales, regresiones y muchas cosas desconocidas para ti, aunque posiblemente hayas leído algunos libros acerca de ello. Pero seguro no lo has vivido en experiencia propia. Por lo pronto la experiencia que vivirás desde el momento que salgamos de la mansión te dará una idea de lo enigmático de la vida y de la muerte. Enigmático porque todos sabemos cuándo nacemos pero no sabemos cómo ni cuándo moriremos. Esos misterios solo los sabe el Creador".

Leonardo Moreno estaba impresionado, pues lo que le dijo Tadeo Morán era como una promesa de que podría llevar una amistad duradera. Él sabía que estaba aprendiendo mucho de Tadeo Morán y no deseaba desperdiciar la oportunidad de ser un digno discípulo de él. Tenía grandes conocimientos que había adquirido por medio de la lectura, pero como le dijo Tadeo Morán, "los conocimientos cobran vida con la experiencia propia" y Leonardo sabía que estaba en el camino donde podría aprender, pero no sabía cómo ni cuándo. Tampoco sabía que el destino le preparaba algo inesperado.

"Creo que es hora de seguir adelante, no te preocupes por el tiempo. Observa cada detalle de la mansión lentamente porque existen cosas que ninguna mansión tiene por más lujosa o importante que sea, a excepción claro está de las mansiones que te dije" dijo Tadeo.

Así que comenzaron a caminar y Leonardo sentía gran curiosidad por lo que encontraría en su recorrido. Admiró una y otra vez el "Espejo de la verdad" y recorrió con la mirada todo lo que estaba en él. Se veía como un gran espejo de lujo pero sin embargo, un espejo normal. Aunque si Tadeo decía que era especial, él le creería a Tadeo.

Había estado en lugares, como la casa de los espejos, en donde se reflejaban las imágenes deformadas de la gente que se parara enfrente de ellos. Había visto cómo los magos usaban espejos para sus trucos, pero nunca había visto un espejo que revelara la verdadera personalidad de quienes se pararán enfrente de él, o que simplemente pasarán frente a él. Debían ser muy especiales ese tipo de espejos, pero más especial sería fabricar un espejo para cada mansión que existiera en el mundo. Eso era insólito. Tadeo Morán sacó a Leonardo de sus pensamientos cuando le dijo: "¿Impresionante verdad? Continuemos, hay mucho por ver".

El resto de la pared en donde se encontraba el espejo tenía figuras en forma de estrellas, las cuales despedían destellos de luz producidos por el parpadeo de la luz de las velas sobre enormes candelabros de oro, granito y mármol. Esas estrellas tenían diamantes y rubíes incrustados. Era algo que cualquier persona que no estuviera preparada para mirar cosas que se escapan a la imaginación, hubiera lanzado una exclamación de asombro y hubiera sido tentado por la ambición y la envidia. Sin embargo, Leonardo Moreno conservó la calma. Él sabía que habría más sorpresas y así fue…Llegaron al comedor ubicado a un costado del gran salón y estaba diseñado para que los invitados tuvieran que subir una pequeña escalera en forma de caracol para llegar a él. La capacidad era de 100 personas. Las sillas eran de caoba y estaban forradas de fina piel. Así mismo la mesa estaba combinada con maderas finas y tan brillantes que podía uno reflejarse en ella.

Leonardo Moreno estaba callado, observó cómo Tadeo Morán presionó un pequeño triángulo dibujado en el enorme barandal que protegía a la gente de una posible caída. Acto seguido, la gran mesa del comedor fue desapareciendo y las sillas se fueron alineando cerca del barandal. Fue un adelanto de la ingeniería, en lo cual se mezclaba lo antiguo con lo moderno. En esa forma, los invitados sin moverse a otro lugar podrían disfrutar de cualquier espectáculo que se llevara a cabo en el salón.

EL SALÓN DE LOS MILAGROS

Bajaron las escaleras para llegar al fondo del salón y otra vez fue una sorpresa para Leonardo admirar dos columnas de marfil; una a cada lado de lo que semejaba una gran ventana protegida por un inmenso cristal con cortinas de color púrpura. Tanto arriba como en sus lados. En el centro de ese cristal blanco como la nieve, se observaba un punto luminoso que irradiaba rayos de luz de un azul intenso. Pero aún así al mirarlos fijamente, se podía experimentar una paz en el interior de aquel mortal que tuviera el privilegio de hacerlo.

Había una alfombra roja con un lienzo blanco en el centro por el cual comenzaron a caminar. Tadeo Morán caminó en silencio tranquilo y Leonardo lo siguió detrás sin pronunciar palabra alguna, pues aún sin imaginar de qué se trataba, comenzaba a sentir algo que jamás en su vida había experimentado.

Sintió como si flotara en el aire y que todo su ser se estremecía, y la Paz interna mezclada por un entusiasmo por la vida, lo hizo caer de rodillas dándole gracias al Creador por haberle dado esa oportunidad de encontrarse con la verdadera felicidad. De reojo miró a Tadeo Morán, que también se postraba delante de esa luz a la vez que le decía con voz pausada: "Aquí se encuentra la verdad". "Aquí empieza la vida". "Aquí también continúa la vida hasta la eternidad".

Tadeo Morán tocó la alfombra con su frente, Leonardo Moreno hizo lo mismo. Seguía la enseñanza de Tadeo porque así estaba seguro de lo que haría en el futuro; se dedicaría en cuerpo y alma a ayudar a la gente a conocer lo que estaba aprendiendo de Tadeo Morán. Estuvo convencido de que todo lo que había aprendido serviría para cambiarle la vida a mucha gente que sufría, porque no sabía que existía algo tan hermoso como el conocimiento de la vida. Pero la verdadera vida es la que el ser humano disfruta de todo lo que tiene a su alrededor, olvidándose de la envidia, el odio, la cólera y el resentimiento, los cuales le hacen perder los verdaderos valores humanos con los que fue dotado.

Al ponerse de pie, Leonardo miró a Tadeo, que aún seguía postrado sobre el lienzo blanco que estaba sobre la gran alfombra roja. En ese momento se percató de que Tadeo Morán semejaba una estatua milenaria de un santuario, pues no se notaba en él ningún movimiento. Con los párpados entrecerrados, el cuello erguido, los hombros levantados y sus manos cruzadas sobre el pecho, parecía haber abandonado su cuerpo. Leonardo estaba impresionado, pues él había asistido a reuniones de algunos religiosos en las que se efectuaban ritos de sanación y algunas personas se ponían en trance para ayudar en dicho ritual. Pero esto era diferente, muy diferente a lo que él había visto.

Tadeo Morán comenzó a ponerse de pie lentamente, como si quisiera evitar que algún movimiento brusco rompiera la quietud de aquel lugar, el cual hasta ahora supo Leonardo que era un lugar Sagrado, un lugar donde se encontraba la verdad, el inicio de la vida y la prolongación de la misma.

Con paso lento, se dirigieron hacia la salida. El sol comenzaba a desaparecer detrás de las montañas cercanas al lugar y Tadeo, poniendo la mano sobre el hombro de Leonardo le dijo así: "Te agradezco por haberme acompañado al Salón de la vida. Es muy posible que sepas que aunque pareciera que en el mundo hay cosas imposibles, en el Salón de la vida todo es posible, y digo todo sin excepción alguna" dijo Tadeo.

UNA FE A TODA PRUEBA

"Vete a tu casa y procura descansar. Mañana te contestaré todas las preguntas que tengas. Una cosa más, te agradezco que no hayas hecho preguntas en el transcurso de nuestra visita a la mansión, pues algunas cosas hubieran perdido la armonía que existe ahí. De ahora en adelante sucederán muchas cosas que pondrán a prueba tu fe y tu conocimiento. Te pido que antes de obrar por impulso, pienses, hables y luego actúes. Cuando por alguna razón necesites ir a verme, allá en la falda de aquella colina existe una choza, allá me encontrarás. No importa la hora que sea, yo estaré ahí".

Leonardo Moreno se alejó pensativo. Aunque tenía plena confianza y admiraba a Tadeo, las palabras que él le dijo acerca de que sucederían muchas cosas que pondrían a prueba su fe y su conocimiento, lo inquietaron a tal grado que comenzó a experimentar la duda y la congoja por algo que aún no sabía qué era pero que comenzó a darle vueltas en su cabeza como un negro presagio que estaba por ocurrir.

Sintió en ese momento que las sombras de los árboles semejaban funestos fantasmas que lo envolverían en sus negros mantos para arrojarlo por un laberinto oscuro, como oscura era la imaginación que cobraba fuerza en él, a tal grado que lanzó un grito desesperado y le preguntó a Dios qué le estaba sucediendo. Pero su exclamación se perdió en medio de la oscuridad de la noche y entonces se percató de que ya había anochecido.

Todo el encanto que viviera durante la visita a la mansión, se estaba desmoronando como si fuera solamente una figura de arena o como un dulce sueño que antecede a una cruda realidad en la cual al despertar, solo se encuentra la parte oscura de la existencia de un ser que pensaba tenerlo todo y ahora se da cuenta que no tiene nada.

Algunas veces tuvo esos presentimientos acompañados de un miedo indescriptible antes de morir su padre. Después otra vez sintió lo mismo días antes de morir su madre, pensó que era coincidencia hasta que después volvió a sentir algo similar antes de morir su hermano. Ahí ya no le cupo la menor duda que por alguna razón, que él desconocía, podía tener esa clase de premoniciones.

Recordó las palabras de Tadeo Morán en las cuales le dijo que estaría a prueba su fe y su conocimiento, y que antes de obrar por impulso, pensara, hablara y luego actuara. Con esa idea en su mente, se dirigió a la casa de su amada Vanessa la cual estaba un poco retirada del lugar, pero él deseaba contarle lo que le estaba pasando y pensó que ella lo ayudaría a desentrañar todo el misterio que lo rodeaba.

Llegó a la casa de su novia y jaló del cordón que hacía sonar la pequeña campanilla que colgaba de una estructura metálica. Vanessa se asomó a la ventana y a Leonardo le extraño que solo le hiciera una seña con la mano, pues siempre le gritaba con alegría. Cuando la puerta se abrió ella lo abrazó y le dijo con voz entrecortada que qué bueno que había venido porque se sentía mal. Luego de eso se desmayó en sus brazos.

Leonardo la llevó a un sofá que estaba en la sala y acercó su oído para escuchar los latidos de su corazón, los cuales era cada vez más lentos y débiles. Leonardo tuvo miedo de que el corazón de su novia parara de latir. Miró el rostro de su novia y miró que se asemejaba el rostro de un maniquí de aparador; un rostro pálido como si estuviera hecho de cera, sin sangre, sin calor pero con líneas marcadas por el dolor y el miedo a morir.

Leonardo supo en ese momento cuál era el miedo y la zozobra que sentía. Ya no tenía duda acerca del presentimiento que tuvo esa tarde. Poco a poco fue repasando cada acontecimiento de los días anteriores y sintió miedo al ver a Vanessa tendida en el sofá de la sala de su casa. Sentía impotencia y desesperación porque no sabía qué era lo que tenía su novia. La abrazó y sollozando comenzó a decirle cuánto la amaba y con lágrimas en los ojos le dijo: "No me dejes, no quiero que te vayas. Todo lo que quiero lograr es por ti, para casarme contigo, y darte la mayor comodidad posible. Sin ti no quiero nada, no tendría una motivación para triunfar. Te amo y mi vida no tendría importancia si no te tengo a mi lado".

Al pronunciar esas palabras, el cuerpo de Leonardo se estremecía y las lágrimas que corrían por sus mejillas le impidieron ver con claridad el rostro de su novia, la cual al escuchar el llanto de su amado hizo un esfuerzo por incorporarse, pero solo pudo pronunciar unas cuantas palabras entrecortadas que Leonardo no alcanzo a oír con claridad, pero que sabía de qué se trataba pues nunca había dudado del amor de su novia y por lo tanto, cada vez que Leonardo sufría, ella sufría también.

A su mente vinieron recuerdos de cuando habían vivido momentos muy felices en los cuales su risa cristalina era música celestial para los oídos de Leonardo, y ahora todo eso se reducía a tener una novia inerte recostada en el sofá. Ese sofá que había sido un mudo testigo de la entrega de Vanessa hacia él y en el que se acariciaban cada vez que él la visitaba y que esas caricias lo hacían vivir la gloria y le daban la fuerza y la determinación de que debía obtener triunfos para ella.

Hubo momentos difíciles para Leonardo en los cuales ella lo animó a seguir adelante, pues ella era una mujer optimista. Pero ahora solo era un cuerpo a punto de exhalar el último aliento, y eso a Leonardo le causaba mucho miedo. Se acercó a ella y le acarició el cabello. Ella lo miró y no pudo más contener el llanto, su respiración se hizo muy rápida y dificultosa y en ese momento Leonardo cayó de rodillas y pronunció las únicas palabras que le vinieron a la mente: "Ayúdame señor, pero más que a mí, ayúdala a ella. Si quieres mi vida a cambio de la de ella, tómala, dispón de ella". Pero luego reaccionó y dijo: "Perdóname señor por lo que dije, es tanta mi desesperación que no medí las consecuencias de lo que te pedí. Que se haga tu voluntad y no la mía. Humildemente te pido señor que nos ayudes".

¿Por qué ese cambio repentino de Leonardo? ¿Qué lo hizo cambiar en su forma de pensar si antes estaba dispuesto a cambiar su vida por la de la mujer que amaba? Lo que sucedió fue que Leonardo se imaginó a su novia sufriendo la pena de la muerte de él e imaginó el dolor que sentiría ella y que posiblemente, ella tendría que arrastrar ese amargo recuerdo para el resto de su vida.

Recordó que a Dios no se le pide en esa forma, porque a Dios no se le pueden poner condiciones ni exigencias. Solo la humildad puede cambiar el curso de las cosas cuando se sabe pedir y más a un ser todopoderoso como es Dios.

Él es el único que da la vida, una misión y un mandato que se tiene que cumplir con amor, con entusiasmo y dedicación, y cuando todo eso se cumple es hora de partir. Pero aún así existe el último recurso, y es cuando el deseo por la vida es tan fuerte que se sabe que ha habido personas que vuelven a la vida después de ser clínicamente declaradas muertas.

Antes de conocer a Vanessa, Leonardo tuvo varias amigas, que a pesar de que le decían que sentían un gran aprecio por él, cuando les hablaba de que le gustaría llevar una relación más allá de la amistad, ellas muy educadamente le rechazaban esa proposición, explicándole que habían perdido un ser amado y que era muy difícil reemplazar su recuerdo, y eso haría infeliz al hombre que viviera a su lado.

Fue a mojar un pañuelo que traía en la bolsa de su pantalón y lo colocó con mucho cuidado en la frente de Vanessa y le dijo muy lentamente cuánto la amaba, pasándole el dorso de la mano por sus mejillas que habían recobrado un poco el color. Allí Leonardo tuvo una leve esperanza de que su novia se recuperara, pero cuando escuchó las palabras entrecortadas de su novia, supo que ella estaba haciendo un esfuerzo demasiado grande para hablar.

Hablándole muy bajito y con mucho esfuerzo, como cuando se habla en secreto con alguien, Leonardo tuvo que acercar su oído a la cara de Vanessa para poder escucharla y así se dio cuenta del porqué Vanessa estaba en esas condiciones. Lo que escuchó fue lo siguiente: "Esta mañana cuando desayunamos como de costumbre, supe que mi final se acercaba, porque en esta fecha, a la misma edad que tengo, mi madre murió de un mal desconocido. En la misma fecha y a la misma edad, mi abuela también. Lo mismo pasó con mi bisabuela. Es una herencia que se pasa de generación en generación, la única diferencia es que yo no tendré que heredar a nadie ese mal, no habrá otra generación".

Al escuchar esas palabras, Leonardo supo de inmediato de qué se trataba, de una programación que si no actuaba a tiempo, la iba a perder. Entonces se preguntó cómo hacía para que Vanessa se convenciera de que podía cortarla y salir de ese estado. De pronto exclamó: "Ilumíname Señor" y con esas palabras le llegó a la mente el mensaje de que hablara con Tadeo. Así que de inmediato reaccionó y marcando un número, le habló a una amiga conocida que siempre le había ayudado en los momentos más difíciles de su vida. Cuando la amiga le contestó, él le explicó su situación sin tantos detalles y ella le dijo que tardaría un poco en llegar al lado de él pero a él no le importó. Luego de eso la amiga llegó y Leonardo le pidió que por favor cuidara de su novia mientras él iba a un lugar a pedir ayuda. La amiga le preguntó que por qué no la llevaba de inmediato a emergencias y Leonardo le contestó que el mal que tenía su novia era un mal que no se curaba con medicamentos. Ella miró a Leonardo tan desesperado que ya no hizo más preguntas, solo le dijo que contara con ella. Que su amistad era tanto para las buenas, como para las malas.

Leonardo no caminó, corrió como desesperado. Nunca había hecho algo semejante y, aunque la distancia era enorme, no sintió el cansancio cuando llegó a la casa de Tadeo.

Como si Tadeo hubiera adivinado los acontecimientos, estaba esperándolo en la puerta de su casa, y lo más extraño fue cuando le dijo: "Sé por qué vienes y casi estoy seguro de qué es lo que está pasando. No perdamos tiempo, vamos a la casa de tu novia. Leonardo le dijo que estaba bien y le preguntó a Tadeo si su novia seguía con vida, a lo que él le respondió: "Lo supe esta mañana después del desayuno cuando me dio el beso en la mejilla. Tal vez tú no lo notaste, pero la mirada de ella era como una despedida. Incluso el acento de su voz sonaba como si un pesar muy grande la estuviera atormentando. A mis años me doy cuenta por medio del tono de voz y la mirada de una persona cuando sabe que va a hacer el viaje sin regreso y que muchas veces tiene que callar para no provocar el sufrimiento de los seres que ama. Existen seres en el mundo que han sido condenados a muerte sin que ellos lo sepan con seguridad, pues solo basta que alguna persona le diga a otra que va a morir porque su mamá, su abuelo o abuela murieron de una enfermedad incurable, para que la persona que recibe esa información, enferme y después muera si es que no le llega la ayuda posible por alguien que la haga confiar en que puede sanar si se lo propone.

Tu novia fue programada para morir en la fecha que ella creyó que debía morir, solo hay algo que la conserva con vida y es el deseo de vivir y por el amor tan grande que te tiene. Su lucha es muy desigual, pues posiblemente haya comenzado hace mucho tiempo a tener miedo y dolor. El dolor de irse y dejarte solo es un miedo terrible al saber que de un momento a otro moriría, ahora está tranquila, pero no debemos confiarnos, porque si hay un momento de debilidad de su parte, puede morir".

Como salido de la nada apareció el carruaje a unos cuantos metros de distancia y Tadeo Morán le dijo a Leonardo que no se preocupara, que todo saldría bien, que confiara en él y que se fuera en el carruaje el cual llevaría a su novia a la mansión. Él los esperaría allí.

Sin pensarlo tanto, Leonardo se subió al carruaje pero notó algo muy diferente ahora, los cascos de los caballos no producían sonido alguno al chocar con el empedrado de la calle y además la velocidad en que se transportaban a la casa de su novia era demasiado rápida, al grado que sintió que fueron solo algunos segundos los que tardaron en llegar.

Leonardo abrió la puerta de la casa de Vanessa y al mirarla otra vez, inerte, volteó la cara y comenzó a sollozar, cubriéndose la cara con la solapa de su camisa, tratando de evitar que su novia lo escuchara. Su amiga lo abrazó tratando de animarlo, diciéndole que su novia estaba viva aún y que mientras estuviera viva había esperanza de que se salvara. Leonardo así lo entendía, tenía fe, pero aún así esa fe podría servirle en otras cosas, pero no tratándose de la vida de su novia.

Iba a cargar a su novia para llevarla al carruaje, pero en ese momento entraron a la casa cuatro mujeres con túnicas blancas. Sus capuchas les cubrían la cabeza y parte de la cara, afuera esperaba un carruaje diferente al primero, tenía una puerta en la parte de atrás y las mujeres llevaban una camilla con una almohadilla en la cabecera y otras a los lados. Depositaron a Vanessa en ella y acto seguido, como si sus movimientos estuvieran sincronizados, caminaron hacia el carruaje introduciendo la camilla en él.

CAPÍTULO 8:

MILAGRO DE FE

La amiga de Leonardo le preguntó que si deseaba que lo acompañara y Leonardo muy cortésmente le dijo que le agradecía el ofrecimiento pero que esta vez no sabía cuánto tardaría en regresar. La amiga le dio un beso en la mejilla y le dijo que cualquier cosa que deseara, no dudara en decírselo y se despidió de él.

Sin decir palabra, las mujeres con túnica blanca hicieron una seña a Leonardo para que subiera al carruaje y en seguida se escuchó una voz suave que decía: "Nos vamos" y el carruaje comenzó a avanzar otra vez tan vertiginosamente que Leonardo no supo cuánto tiempo tardaron para llegar a la gran mansión que los esperaba con una esperanza de vida. Con una esperanza de que se realizara un milagro. Leonardo tenía fe en que todo saldría bien, ahora confiaba plenamente en Tadeo Morán, quien le había dicho que todo saldría bien.

Cuando llegaron a la mansión era de noche y el carruaje se detuvo frente a la gran puerta de madera, esa puerta que impresionaba a Leonardo por la forma y los materiales que tenía. Eran tan resistente que ni el tiempo podría destruirla. Esa puerta encerraba el misterio de la vida y de la juventud eterna. Esa puerta se abriría ahora para prolongar la vida de su novia, la cual se miraba inmóvil sobre la camilla especial, construida para ese tipo de situaciones.

Leonardo Moreno bajó del carruaje y las mujeres con túnicas blancas bajaron también. A pesar de que era de noche, todo el lugar se encontraba iluminado por faroles, cientos de faroles de diferentes tamaños, empotrados en los grandes muros de la gran mansión.

En ese momento, Leonardo se sentía como un poco aturdido por las emociones a las que había sido sometido en tan poco tiempo y no se dio cuenta de que Tadeo Morán estaba allí. Solo se dio cuenta cuando Tadeo le tocó el hombro diciéndole: "Aquí estoy contigo, no te preocupes, todo saldrá bien, estamos a tiempo".

Luego las mujeres cargaron la camilla en la que estaba Vanessa y Leonardo no la perdía de vista. Miraba a su novia como una estatua de mármol, pues su rostro había vuelto a adquirir el color pálido y por momentos dudó que se salvara. Volteó el rostro y parecía que comenzaría a sollozar, pero en ese momento Tadeo Morán le palmeó la espalda y fue en ese momento que miró algo sorprendente: Dos hileras de mujeres de túnica blanca, estaban a los lados de la entrada de la gran mansión, eran decenas de ellas, y como si estuvieran programadas para iniciar un ritual de vida, todos sus movimientos también estaban sincronizados al grado de que el espectáculo que daban era impresionante, como si fueran una sola persona. De repente sacaron unas esferas luminosas que llevaban consigo y la luz que emitían las esferas era de un azul intenso, y conforme avanzaban las mujeres que cargaban a Vanessa, las esferas iban formando un grupo compacto, el cual formó un rayo luminoso que se perdía más allá de la atmosfera, para enseguida disminuir su luz conforme se adentraban en el gran pasillo rumbo al salón.

Leonardo Moreno se sentía emocionado porque ahora tenía la seguridad de que su novia se recuperaría y volvería a ser la misma Vanessa que él conocía. Al mirar las luces azules se dio cuenta de que la vida es tan hermosa como el azul que adoptan las estrellas de la noche cuando la noche es limpia, libre de nubes que tapen las noches románticas de los enamorados.

Antes de entrar en el pasillo dio gracias al Creador por haber recuperado la fe, ya que al recuperarla, estaba seguro de recuperar a su amada.

Cuando todos llegaron al gran salón, las mujeres con túnicas blancas formaron un gran círculo alrededor de la camilla que había sido depositada frente al enorme cristal que se semejaba a una gran ventana. Como si alguien las dirigiera, las mujeres levantaron las manos con las esferas y entonaron un dulce canto inaudible, pero al ir cerrando el círculo, el canto se escuchó más fuerte. Conforme aumentaba el sonido de las voces, las esferas cobraban más brillo, pero era un brillo agradable ante los ojos de los seres humanos. Era un brillo de energía, de vida. Era un milagro ante los ojos de Leonardo que se sentía sumergido en medio de un mundo de milagros, de magia, de vida, de amor.

Al pensar en ello, el canto se hizo más bajo, otra vez casi imperceptible, y las esferas comenzaron a perder intensidad, como diciendo adiós, pero de pronto un haz de luz comenzó a formarse en el gran cristal que estaba en la pared y fue dirigiéndose lentamente a la camilla de Vanessa, y mientras avanzaba, las mujeres entonaban una melodía tan hermosa que para igualarla en una sala de ópera, se necesitaría contar con instrumentos y voces celestiales.

Cuando el haz de luz tocó a Vanessa, se escucharon unas palabras dulces, debido a la armonía con que eran pronunciadas, que nadie podría resistirse al deleite de escucharlas. La voz que las pronunciaba era indescriptible, porque nadie la podría igualar, se escuchó decir: "Aquí se encuentra la verdad, aquí empieza la vida y aquí continua la vida hasta la eternidad".

Y el milagro se realizó, Vanessa comenzó a incorporarse lentamente como si despertara de un sueño, un sueño que a Leonardo Moreno se le había hecho eterno. El haz de luz desapareció, las esferas recobraron la luz y Leonardo, lleno de alegría casi corriendo, llegó hasta donde estaba su novia, y abrazándola le dijo: "Te has salvado amor mío". Acto seguido, cayó de rodillas frente al gran cristal, a la vez que decía: "Tengo la señal que necesitaba para llevar a cabo mi misión, ahora sé cuál es, sé qué debo hacer y lo haré mientras tenga vida, lo prometo solemnemente Señor".

A una distancia considerable, Tadeo Morán los miraba emocionado. Su rostro se ensombreció por un recuerdo y, como si recitara una oración, decía en un susurro: "Si hubiera tenido la oportunidad que tuvo Leonardo, quizás estarías viva".

De pronto reaccionó y dijo: "No puede haber comparación entre el amor de ellos y el amor nuestro, porque ellos se han amado, se aman y sé que se amarán por siempre. Leonardo no recorrerá el camino que recorrió Tadeo Morán jamás, por el bien de él y de Vanessa será mejor que nunca lo recorra".

La gente comenzó a retirarse, el momento del milagro había pasado. Leonardo abrazó fuertemente a Tadeo Morán y Vanessa no fue la excepción. Aparte del abrazo, Vanessa le dio un beso en la mejilla y otro en la frente en señal de agradecimiento, y al salir de la gran mansión, Leonardo Moreno se dio cuenta de que parecía que en ese lugar no había habido ningún suceso, todo permanecía en el mismo lugar que debía estar.

El carruaje los estaba esperando, ahora el regreso no sería tan apresurado, no había prisa. El tiempo no existía para dos seres enamorados los cuales habían estado a punto de ser separados el uno del otro. "Mañana nos reuniremos donde siempre, a la misma hora, procuren descansar" dijo Tadeo mientras les guiñó un ojo. Él sabía que necesitaban descansar, pero quizá ese descanso seria acompañado de caricias y besos en la intimidad de la recámara de Leonardo o de Vanessa, qué más daba el lugar.

Le pidieron al buen hombre que se encargaba del carruaje que los llevará a la casa de Vanessa, después de agradecerle por el servicio. Luego Leonardo se le quedó mirando a Vanessa y ella le preguntó qué porque la miraba así, a lo que él le respondió que tenía una pregunta muy importante que hacerle: "¿Quieres casarte conmigo? Ella no le contestó, solo se prendió de su boca y le dio un largo beso, en ese beso estaba la promesa de que lucharía por todos los medios para hacerlo feliz.

CICATRICES QUE PERDURAN

Al siguiente día muy temprano, Leonardo y Vanessa se reunieron con Tadeo Morán en el restaurant de costumbre. Les extrañó que al empezar a platicar acerca de los sucesos acontecidos, Tadeo volteara a mirar muy a menudo hacia la entrada del pequeño restaurant. De pronto vieron entrar a una mujer acompañada de un joven que abrazó a Tadeo mientras la mujer apenas le dirigió la palabra aunque trató de sonreír.

Leonardo y Vanessa observaron que la mujer aunque no era joven, aunque se conservaba muy bien. Tenía una hermosura que solo se adquiere con el paso de los años, una hermosura natural. Su rostro no denotaba emoción alguna cuando Tadeo Morán la presentó a ellos diciéndoles: "Ella es Paty, mi compañera de las mil y un batallas. Tiene un corazón de oro, sus cualidades y virtudes son ilimitadas. Ella ha estado conmigo en las buenas y las malas". Ella esta vez sonrió un poco más y su aspecto se miró mucho mejor. Pero aún así, solo se limitó a saludarlos. El joven contagio su sonrisa cuando Tadeo Morán les dijo: "Este es mi hijo Martín, un joven serio que sabe lo que quiere". Acto seguido los saludó y en ese momento Tadeo Morán pidió que los cambiaran de mesa a otra más grande. Paty dijo que no era necesario, pues tenían planeado ella y su hijo ir a dar unas vueltas al mercado que había en esa pequeña ciudad.

En ese momento se acercó Sofía, la mesera del lugar y cuando Paty la miró no pudo disimular una expresión de ira contenida en su rostro. De inmediato tomó por el brazo a Martín y le dijo: "Vámonos hijo, tu papá tiene mucho que platicar. Me imagino que al irnos él se sentirá mejor. Que tengan un buen día" y volteando a mirar a Tadeo Morán le dijo: "Espero que estés a gusto".

Leonardo y su novia estaban sorprendidos, ¡eso no era posible! Era la primera vez que conocían a la familia de Tadeo Morán y solo se redujo a un saludo y un adiós. Tadeo Morán los interrumpió en sus pensamientos diciéndole: "No se preocupen por lo que vieron, por lo que si debemos preocuparnos es porque este mundo no siga adelante con este tipo de situaciones que deshacen matrimonios y familias enteras. La misión de ustedes de ahora en adelante será honrar las palabras: "Estar unidos hasta que la muerte nos separe". Eso será un ejemplo a seguir para las futuras generaciones a la hora de tomar ese compromiso con el mundo y con Dios.

Lo que ustedes acaban de ver, escuchar y sentir, no es más que el resultado de una equivocación mía. Yo fui el culpable de una mala siembra en la que las hierbas venenosas invadieron a la buena planta. Yo dejé crecer esas hierbas, y no pude cosechar algo bueno, porque ese campo fue invadido por el mal.

El proceso de una limpieza, llevara años, y cada vez que trate de arrancar poco a poco las hierbas venenosas, debo tener mucho cuidado porque la contaminación con ese veneno es fácil de impregnarse, pues es un veneno que muchos desconocen. Es un veneno que nace en un campo fértil y comienza destruyendo las plantas buenas. Primero las contamina y después las destruye. El problema más grave es que el agricultor y el dueño del campo (la vida del ser humano) confunde esas plantas con las demás y solo se da cuenta en el tiempo de la cosecha cuando en vez de fruto solo encuentra contaminación, desolación, pobreza y miseria. Es allí que comienzan la desesperación y los lamentos por no haber sabido poner atención en lo que pudo haberse solucionado a tiempo.

Yo fui el culpable de lo que acaban de ver ahora. Paty es un ser humano como todos, es sensible y esa sensibilidad hizo que absorbiera en el pasado, muchas cosas que se quedaron en el subconsciente de ella. Ahora cada vez que ella mira, escucha, o siente algo que la conecta con su pasado, sale a relucir una etapa de su vida en la que recibió heridas muy profundas que cerraron por encima, pero que están sin cerrar completamente desde la raíz.

He tratado de hacer una cirugía para poder curar definitivamente esas heridas, pero es una cirugía inútil porque a la hora que trato de hacerlo, ella se niega a esa curación. A veces creo que se ha hecho dependiente de esas heridas para usarlas como escudo cuando se aferra a la idea de que siempre seré el mismo Tadeo que la hizo sufrir y no el Tadeo Morán que ella conoció que era cariñoso, educado y atento. Eso lo olvidó y solo se concentró en todo lo negativo que su subconsciente absorbió como una esponja, para guardarlo y usarlo cada vez que cree que lo debe hacer.

"Nadie es profeta en su tierra" y eso lo he comprobado con ella, pero tengo la esperanza que algún día, de alguna forma, ella encontrara la cura para que esas heridas sanen y pueda ser feliz y hacer feliz a los seres que ama. Por lo pronto tengo que pensar que mientras no se interponga en mi labor, yo puedo seguir soportando algunas cosas que no tienen remedio. Pero si se interpone, tendré que tomar una decisión, posiblemente drástica, que me haga sentir liberado de una carga que no deseo llevar.

La mesera se sintió apenada al observar todo aquello aunque no fue por curiosidad que había permanecido allí. Esa situación la tomó desprevenida. Ella hubiera deseado retirarse cuando miró la actitud de Paty, pero pensó que era falta de educación no preguntarles qué deseaban desayunar ese día.

Tadeo Morán le pidió a Sofía disculpa para Paty diciéndole que últimamente no se sentía muy bien de salud y que eso la hacía expresar descontento, pero que no era un grave problema. Sofía se acercó a él y le dijo: "No se preocupe señor, usted no tiene por qué pedir disculpas. Sé que usted es una buena persona y un incidente como este no me hará cambiar de opinión. Tadeo Morán admiró la forma en que la que Sofía encaró la situación y miró en la profundidad de esos ojos verdes, una admiración hacia él que quedó perturbado de momento. Sabía lo que ese impacto momentáneo significaba, sabía que de la admiración lo que seguía era una conversación informal, después una conversación intima, y después, "No" gritó y todos voltearon a verlo. Así que se disculpó y en seguida se dirigió al baño a paso apresurado.

Cuando estuvo dentro del baño, cerró la puerta y se miró al espejo. Notó arrugas en su rostro. Ese rostro que solo mostraba el paso de los años cuando Tadeo era sometido a una presión psicológica por los recuerdos dañinos o por situaciones como aquella en los cuales se salía de control. Aunque rápido volviera a la calma, las huellas de ese instante habían quedado impresas en forma de arrugas y manchones blancos en sus sienes.

Más calmado, se lavó las manos y la cara, y al mirarse al espejo le dijo al Tadeo que estaba frente a él: "Tadeo, tú no puedes seguir dañando. Ya no puedes volver a ese camino que tanto daño te hizo, pero más que a ti, les hizo mucho daño a los demás. Es hora de parar, es hora de meditar, es hora de la transformación completa, es hora de vivir en paz".

Todos estaban pendientes de la dirección que tomó Tadeo Morán para ir al baño, y cuando lo miraron venir se veía diferente. Su semblante era tranquilo y se veía rejuvenecido. Con energía, firmeza, determinación y seguridad en sí mismo. "Todo está bien, vamos a ordenar el desayuno que tenemos mucho por hacer el día de hoy. Están los preparativos de la primera reunión con los invitados que tendremos en el salón de la mansión y creo que ustedes me podrían ayudar" dijo Tadeo. "Claro que sí" respondieron Leonardo y Vanessa y los tres rieron pues la respuesta fue al mismo tiempo.

"Tadeo…"balbuceó un poco cohibido Leonardo. "Vanessa y yo deseamos hablar contigo. Abusando de lo bueno que eres, te queremos preguntar si quieres ser nuestro padrino de bodas". "¡Vaya! Ya estaba pensando yo que me perdería ese privilegio. ¿Cuándo piensan casarse?" preguntó Tadeo. "El 14 de febrero, día del amor…" dijo Vanessa mientras Tadeo los interrumpió para continuar la frase: "… y de la amistad. Como los considero mis amigos, cuenten con ello. Su boda será la mejor del año, de eso me encargo yo, pues una pareja como ustedes, deberá ser un ejemplo de un matrimonio feliz".

El desayuno transcurrió sin ningún incidente más que le quitara el agradable sabor de lo que los cocineros preparaban en ese lugar. En verdad todo era exquisito, se notaba el gran amor que cada uno de ellos le ponía a su trabajo.

Cuando terminaron el desayuno, como de costumbre, Tadeo Morán dejo un billete sobre la mesa, aparte de la cuenta. Sabía que esta vez no lo alcanzaría la hermosa mesera para decirle que se había equivocado al dejar la propina. "Mañana los espero en la mansión. Procuren aprovechar el día de hoy que es un día hermoso, digno de disfrutarse". "Así lo haremos" respondieron de nuevo Vanessa y Leonardo al mismo tiempo y los tres de nuevo se rieron. "Vaya coincidencia" respondió Tadeo.

Al día siguiente, estaban los tres reunidos a la entrada de la mansión. Estaban tomando un aromático té importado de oriente. Los invitados comenzaron a llegar y fue entonces que comenzaron a aparecer los sirvientes, los cuales se encargaban de recibir los abrigos y de acomodar los carros y que llegaban a ese lugar. Algunos invitados eran personas que venían de lejos, otros eran de la misma ciudad, pero aunque sabían de la mansión, pocos la conocían por dentro.

Cuando Tadeo Morán junto con otras personas habían planeado esa reunión, nunca pensaron que asistirían la totalidad de los invitados. Habían estado trabajando arduamente en ese evento y el resultado fue satisfactorio, pues llegaba gente de toda clase; rica, media y pobre. Sin embargo Tadeo Morán los trataba por igual a todos. Tenían bocadillos preparados los cuales eran consumidos con voracidad por aquellos visitantes que tenían hambre. Las largas mesas con manteles lujosos, anticipaban a los asistentes lo que seguiría a continuación. Los asistentes a la reunión de ese día pasaban de 100 personas, y cuando Tadeo Morán comenzó a hablar, todos guardaron silencio. "Bienvenidos a su gran mansión, espero que estén disfrutando de este hermoso día. En unos minutos entraremos, y haremos el recorrido para que conozcan la gran mansión en su interior. Si quedaron maravillados con el exterior, les aseguro que no es nada en comparación con lo que enseguida verán, y aunque el recorrido será un poco rápido, será suficiente para que en la reunión de fin de año puedan tener una idea de donde está ubicado "El gran salón de la mansión".

El espacio de la puerta era amplio, pero el pasillo se estrechaba a modo de que solo podían ir cinco personas al mismo tiempo, y cuando veían el "Espejo de la Verdad", su curiosidad los invitaba a acercarse, como si el espejo los atrajera como un poderoso imán.

Uno a uno fue pasando y hasta el último visitante no se sustrajo de pararse frente al espejo sintiendo la misma sensación que los demás. Todos admiraron a la mujer en el enorme cuadro de la pared y Tadeo Morán les dijo que en el fin de año les narraría la historia de cada cosa en el salón y que por ahora no podía adelantarles nada, porque deseaba que nadie se quedara sin asistir a esa reunión.

Cuando llegaron al gran salón ya habían pasado varias horas, pues el tiempo se les había ido sin sentir, y lo que vieron los llenó de alegría, había una mesa con finísimos manteles de lujo en los cuales había arreglos de frutas silvestres que adornaban la gran mesa dándole un aspecto como si hubiera sido arrancada de una de las mejores pinturas en exhibición.

En cuanto todos estuvieron sentados, Tadeo Morán hizo una seña a una mujer que se encontraba cerca de una puerta que se mantenía cerrada, y cuando se abrió salieron decenas de mujeres con túnicas blancas. Todas ellas entonaban unos cantos tan hermosos y de forma tan sincronizada, que parecía que cantaban los mismos ángeles en forma sin igual.

Eran dos filas de mujeres; una fila entonaba cantos y tocaba instrumentos como: flautas, violines, mandolinas y arpas. Éstas últimas eran manejadas diestramente desde una distancia considerable. Todo era una belleza y los asistentes a la reunión estaban gratamente sorprendidos. La otra fila comenzó a recibir charolas de plata con suculentos manjares. Cada vez que pasaban por la puerta hacia el salón, le iban sirviendo a cada uno.

Todo estaba marchando a la perfección. Tadeo Morán, Leonardo Moreno y Vanessa se sentían satisfechos hasta el momento, aunque sabían que en algún momento puede resultar un incidente, pero confiaban en que todo saldría bien. La comida fue servida y los cantos bajaron de intensidad. Era impresionante mirar a la gente reunida allí, pues a pesar de la diferencia de clases, en ese momento solo existía el encanto de saborear unos ricos manjares que unificaban el pensamiento de los asistentes en una sola oración en silencio, dándole gracias al Creador de lo que en ese momento les era ofrecido.

Después de terminar de comer y saborear el delicioso jugo de uva de esa región, Tadeo Morán los invitó a terminar el recorrido. Pero cuando salieron de la mansión era muy tarde, por lo que la gente se despidió y se fue llevando en su mente y en su corazón, el deseo de estar allí nuevamente en el fin de año para que Tadeo les contara lo que les había prometido.

Leonardo Moreno y su novia se despidieron de Tadeo Morán. El carruaje, como siempre, los llevó a la casa de Leonardo. Estando allí Leonardo le confesó a su novia que era muy feliz y que deseaba hacerla feliz. Que ahora que la tenía tan cerca de él, sabía lo que era el verdadero amor. Ella solo se limitó a mirarlo a sus ojos café claro que tanto le gustaban, y se prendió de su cuello para después colmarlo de caricias. Ella también le había prometido hacerlo feliz, por eso al besarlo esa noche, los dos fundieron sus cuerpos en un cálido abrazo como si fuera uno solo.

Se acercaba el fin de año y Leonardo Moreno estaba por concluir su libro. Quería tenerlo antes de que finalizara el año pero, debido a los acontecimientos, prefirió retrasarlo unos días después de que se llevara a cabo la reunión porque tenía el presentimiento de que algo extraordinario ocurriría en esa reunión lo cual sería de gran interés para agregarlo a su libro. Era el medio dia cuando Leonardo y Vanessa llegaron a la casa de Tadeo Morán.

Estaba inmóvil, rígido como una estatua de mármol. Sus hombros levantados y su cuello erguido, le daban una apariencia imponente. Su postura de flor de loto le daba un aspecto que llamaba la atención. Estaba practicando su ejercicio de meditación, sus ojos entrecerrados parecían observar todo lo que sucedía a su alrededor, pero la realidad era que Tadeo Morán se había sumergido en el interior de sí mismo. Estaba pendiente de las cosas incluso sin ver. Había viajado a su interior, sabía que debía hacerlo, y como si efectuara una limpieza por dentro, cada órgano de su cuerpo era tocado por él para darle energía y de esa manera poder revitalizarlo. Todo eso lo había ido aprendiendo de sus maestros, de ellos aprendió que el ser humano no envejece por el paso de los años. Envejece por el descuido, por no darse tiempo para pensar en sí mismo. Porque el ser humano cuando busca un cambio en su vida, piensa que haciendo el bien es como lo va a lograr. Se olvida de que debe preparar un templo antes, un templo digno de poder ofrecérselo a los demás, para que en él puedan encontrar lo que han buscado. Ese templo es su cuerpo, ese templo es su imagen que será proyectada causando un impacto positivo a quienes lo vean.

Leonardo Moreno y su novia no quisieron interrumpirlo. Solo se limitaron a observarlo. Ellos sentían un gran respeto y admiración por él, y sabían que Tadeo Morán hacía ese tipo de ejercicios porque él les había dicho que les enseñaría cómo hacerlo. No solo para viajar al interior de sí mismos, sino que también para sacar toda la basura acumulada, que es el peor daño que le causa al ser humano. Todas las toxinas hechas de materia que se acumulan dentro del cuerpo humano no producen tanto daño como las toxinas que no son materia. Tales como el odio, la cólera, el temor y el resentimiento. Esas toxinas, si el ser humano no tiene cuidado de erradicarlas, producirán en él un daño demasiado difícil de reparar.

Era mediodía. El sol se encontraba en el cenit y Tadeo Morán estaba sobre un lienzo blanco, el cual cubría un tapete de un metro cuadrado en medio del jardín. Al observar cuidadosamente, se dieron cuenta de que de unos 50 centímetros arriba de su cabeza, convergía la unión de una pirámide formada por delgadas varillas de cobre, que a Tadeo Morán le daba la sensación de que se encontraba atrapado dentro de dicha pirámide. Leonardo y Vanessa decidieron permanecer en silencio, mirando una asombrosa transformación de un hombre maduro, con sus sienes plateadas, con arrugas en su cara y sus manos en un hombre joven. ¡Era impresionante! Se miraron el uno a otro y no podían creer lo que estaban viendo. Allí estaba ocurriendo un milagro, y como estaban a unos pocos pasos de él, su vista no los podía engañar, y menos a los dos.

Como si Tadeo Morán hubiera estado observando a la pareja desde que estuvieron allí, volteó a verlos y les dijo: "Espero que nuestro Creador les haya dado paz y alegría en este día". Ellos lo miraron todavía asombrados del cambio en él, y le contestaron que habían ido a buscarlo para ponerse a sus órdenes, porque se aproximaba el fin de año y deseaban saber en qué podían ayudar. Luego Tadeo se acercó más a ellos y Leonardo casi gritó invadido por la emoción de lo que estaba viendo: "¡Tadeo! ¡Tu cara, tus manos!". "Sí, este es uno de los ejercicios que hago cuando sé que es necesario hacerlo. Hay otros ejercicios diferentes que ya aprenderán a practicar, pues cada ejercicio tiene una función diferente. Pero todos están encaminados a conservar nuestro cuerpo, mente y espíritu en magníficas condiciones" les dijo Tadeo.

Ellos permanecieron sentados en una mesa redonda, protegidos del sol por algo que parecía una gran sombrilla hecha de plantas secas. Cuando Tadeo Morán termino de hablar, ellos movieron la cabeza en señal de asentimiento y regresaron a su casa. De lo que hablaron fue sobre el desarrollo del evento que se llevaba a cabo el fin de año, dos horas antes y dos horas después de la llegada del año nuevo.

Quedaban solo dos días para terminar los preparativos, pero ni Leonardo ni Vanessa sabían exactamente de qué se trataba todo. Solo sabían de algunos acontecimientos que Tadeo Morán les dijo que se llevarían a cabo y en los que ellos participarían, pero nada más.

Los dos días restantes, Leonardo y su novia se dedicaron a vivir intensamente el uno al lado del otro. Parecían la pareja a la cual se le había conferido el privilegio de vivir en el Edén. El amor que sentía el uno hacia el otro era inmenso, constantemente entrelazaban sus manos y miraban el firmamento buscando cómo encontrar la forma de agradecerle al Creador por todas las cosas que estaban viviendo. Para ellos había sido una bendición, haber conocido a Tadeo Morán, pues estaban seguros que lo que habían aprendido de él, sería muy importante para poder llevar una vida en donde existiera el amor, la comprensión, la lealtad y la felicidad.

Días después llegó el momento de la reunión, la gente estaba reunida en la gran mansión. Todos admiraban la forma en que ésta había sido construida. La fuente en el gran jardín, las estatuas de mármol, la combinación de granito mármol y cantera, le daban un aspecto de un palacio digno de un rey.

Los grandes faroles acomodados en forma que hubiera suficiente iluminación durante la noche, parecían mudos vigilantes descansando en los muros y pilares de la mansión. Era un conjunto de cosas impresionante. Los asistentes estaban ansiosos por saber qué es lo que Tadeo Morán tenía que enseñarles esa noche, pues en la primera reunión que tuvieron solo se limitó a decirles que todas las preguntas que tuvieran serían contestadas al término de la reunión de fin de año, dos horas después de que llegara el año nuevo. También les dijo que estuvieran en el mismo lugar que ahora estaban reunidos, pero también les dijo que las respuestas a todas sus preguntas, si ponían atención, las obtén darían durante el desarrollo de los acontecimientos. Él Les recomendó también que guardaran el mayor silencio posible vieran lo que vieran y oyeran lo que oyeran, pues en un grupo de gente tan numeroso como el que entraría al interior de la mansión, cualquier ruido que se produjera se multiplicaría fácilmente.

A las 10 de la noche se abrieron las puertas de la gran mansión. Los asistentes comenzaron a entrar, y como ya habían visto el "Espejo de la verdad", uno a uno se paró frente a él y para su sorpresa, la imagen que el espejo les devolvía era muy diferente a la que esperaban. Cada uno lanzaba una exclamación de incredulidad, pero se acordaban de la recomendación de Tadeo Morán cuando les dijo: "oigan lo que oigan, vean lo que vean, les pido por favor guardar silencio" y aunque se escuchaban las exclamaciones que uno a uno lanzaba, no pasaba a más. Lo curioso era que nadie comentó nada que pudiera perturbar el recorrido de los demás. Leonardo y Vanessa fueron los últimos en pararse frente al espejo y lo que vieron fue algo que les llamó la atención; el espejo reflejaba la imagen de ellos muy diferente a la imagen normal. Como iban tomados de la mano, el espejo les regresó la imagen de dos palomas blancas, símbolo de amor y la paz y, aunque ello les causo extrañeza, recordaron las palabras de Tadeo y siguieron adelante para llegar al enorme comedor al subir una escalera. Pero ya no fue esta vez el gran comedor que estaba la vez anterior en medio del salón, ahora el salón estaba vacío.

¿Qué fue lo que vieron los asistentes que se pararon frente al espejo de la verdad? ¿Qué los hizo lanzar la exclamación? Si alguien hubiera estado parado a un lado de ellos, hubiera visto la imagen de cada uno de ellos reflejados de acuerdo a su comportamiento en la vida que llevaban. En algunos la imagen reflejaba la cara de un león, en otros la cara de una serpiente y así sucesivamente iba reflejando la verdadera personalidad en su vida diaria; borregos, pájaros, cuervos, reptiles y todas las especie de animales, predominando los animales depredadores, por lo que había causado estupor en la mayoría de los asistentes. Esa fue una de las razones que más los mantuvo callados, pues sin necesidad de tantas explicaciones, se daban cuenta de que eran ellos y de que tenían la oportunidad de hacer un cambio en sus vidas.

Tadeo Morán observaba complacido cómo el semblante de cada uno de los asistentes iba adquiriendo una transformación. Se dio cuenta desde el principio que aunque veía a todos sonrientes y alegres en apariencia, en el interior de ellos existía algo que deberían eliminar. Él sabía por medio de la expresión de cada quien, quienes eran, pero prefirió que al pararse frente al "Espejo de la verdad" hubiera en ellos la concientización del cambio que debía haber en ellos.

Tadeo Morán sabía que en todo ser humano, por muy violento que sea y aunque exista mucha maldad en él, llega el momento que se cansa de ser lo que es y desea un cambio total que lo haga disfrutar de la vida en toda su plenitud.

Eran 100 personas sentadas en el comedor. Esta vez no hubo la deliciosa comida ni el jugo de uva de la región. Había copas llenas de agua cristalina. El cristal del que estaban hechas las copas, era de una pureza que parecía que el agua se mantenía en el aire sostenida tan solo por la base de la copa. Daba la sensación de que el agua que estaba en la copa no sería suficiente para saciar la sed del que deseara hacerlo. Aún así, Tadeo Morán sentado igual que ellos levantó la copa con agua y tomó de ella repitiendo: "Esta es el agua de la vida, de la juventud y de la prolongación de ella". Todos bebieron y lo sorprendente fue que después de beber el agua, continuaba el mismo nivel de ella en la copa. Tadeo Morán levantó la copa otra vez y bebió de nuevo repitiendo: "Esta es el agua del saber, el agua que mitiga la sed, que cura enfermedades, que limpia los corazones, la mente y el espíritu, dándole al ser humano que lo desea la tranquilidad, armonía y paz". Acto seguido, todos bebieron de nuevo.

Apenas habían terminado cuando entraron al salón las mujeres de túnicas blancas, pero a diferencia de la vez anterior cuando llevaban a Vanessa para regresarla a la vida, no llevaban las esferas luminosas. Todas ellas irradiaban luz, una luz azul que emanaba de sus cuerpos. Y en ese momento todos los que estaban sentados en el comedor, se pararon para acercarse al barandal. Y en el comedor, las copas y lo que había sobre el comedor, desapareció, y las sillas automáticamente se alinearon detrás de los asistentes, los cuales estaban maravillados de lo que estaban viendo.

Las mujeres con túnicas blancas parecían ángeles de luz. La florescencia de sus cuerpos les daba una apariencia celestial. Cada una de ellas llevaba una silla de ruedas, las cuales se veían tan cómodas que más parecían sillones de lujo por lo brillante del material con que estaban construidas. En cada silla iba una persona, eran centenares de ellas. Cada silla transportaba a un enfermo o un anciano que, por la avanzada edad, no podía caminar. El pelo blanco de la mayoría de ellos parecía un campo de algodón visto por encima. Los asistentes así notaron en sus rostros, a pesar de la distancia, la palidez de ellos, y sus cuerpos se miraban grotescos como muñecos a punto de ser desarticulados. En eso se escuchó un murmullo de admiración y después vino el silencio. Un silencio como el que antecede a los milagros cuando ya se ha perdido toda esperanza de vida y solo se espera la muerte, pero esta vez ni uno solo de los asistentes a la reunión dudó de que en ese lugar, esa noche, se realizaría un milagro que movería las fibras más sensibles de aquellos seres humanos que al llegar vieron su verdadera personalidad reflejada en el "Espejo de la verdad".

Algo rompió el silencio en ese momento, ese algo fue un canto suave, como un murmullo de voces celestiales que se escucharon en el salón. Era un coro con unas voces bien timbradas las cuales hicieron sentir a los allí presentes que algo estaba por ocurrir. Solo faltaban unos cuantos segundos para que dieran las doce de la noche, y cuando al fin comenzaron a sonar las 12 campanadas, el coro se hizo más intenso, como si con esa intensidad acrecentarán la energía que ayudaría a esos seres desdichados recibieran un milagro.

De pronto hubo silencio. En el gran cristal que se encontraba en la pared, con cortinas arriba y a los lados formando una ventana enorme, comenzó a formarse una luz de un color azul intenso, pero esta vez la luz figuraba un ser humano que no era de carne y hueso como los mortales. ¡No! Era solo una forma luminosa de que comenzaron a desprenderse más figuras luminosas que llegaron hasta las sillas de ruedas de las personas que llevaban las mujeres de túnicas blancas. Como si fuera parte de un ritual milagroso, el coro comenzó de nuevo en forma suave y fue subiendo de intensidad conforme las figuras luminosas regresaban al cuerpo de donde se habían desprendido. En ese momento todas las personas que habían sido transportadas se pusieron de pie y el milagro estaba hecho. No había parálisis, no había vejez. El algodón de las cabezas de los ancianos, ahora eran copos negros. El milagro se había realizado. Habían vuelto a ser jóvenes otra vez y ahora tenían la oportunidad nuevamente de disfrutar de la prolongación de la vida que había sido producto de un milagro, un milagro que se realizó porque tuvieron fe, tuvieron confianza en que los milagros existían. Tuvieron confianza cuando alguien les dijo que existía una mansión en la cual el tiempo y la maldad no existía. Ellos tuvieron fe en que volverían a recobrar la juventud perdida y que si seguían con esa fe inquebrantable, siempre podrían permanecer jóvenes, "jóvenes por siempre".

Todos sin excepción alguna se arrodillaron y guardaron silencio, agradecidos por todas las bondades recibidas del Creador de todas las cosas. En ese momento todo volvió a la normalidad en el salón. Las mujeres de túnicas blancas comenzaron a alejarse y todos miraban cómo en lugar de regresar al lugar de donde habían llegado, caminaban en dirección al gran cristal de donde había provenido la luz de color azul intenso. Así una a una fue desapareciendo.

Tadeo Morán se sintió satisfecho al mirar las lágrimas en los ojos de todos los asistentes a la reunión. La emoción del momento al mirar realizarse ese gran milagro para todos los asistentes, que llegaron para ser sanados, produjo en él una tranquilidad que jamás había sentido, a pesar de que él ya había vivido ese tipo de eventos.

Ahora era diferente porque el desarrollo de esos milagros quedaría plasmado en el libro que Leonardo Moreno estaba por terminar. Él sabía que el impacto que causara ese libro en la persona que lo leyera, despertaría al ser humano con todas las virtudes que ha sido creado y que el tiempo y la relación con los demás, lo ha encerrado sin dejarlo salir.

Tadeo Morán estaba seguro de que la conversión de todos los asistentes de esa noche, se había realizado. Ahora cuando salieran cada uno a mirarse en "El espejo de la verdad", mirarían su imagen real; limpia de toda maldad. Porque también la conversión se había realizado en cada uno de ellos al vivir esa experiencia que jamás en su vida habían tenido.

De ahora en adelante cada uno de ellos tendría una misión que cumplir, sabían que si algo no marchaba bien en su vida y necesitaban ayuda, solo bastaría con buscar una mansión con las características que ya conocían.

Todos se dirigieron a la salida por el pasillo que entraron. Habían pasado dos horas después de las 12 campanadas, y el año nuevo traía para cada uno de ellos una esperanza más.

Exclamaciones de asombro mezcladas con alegría brotaban de cada uno de los asistentes al pararse frente al "Espejo de la verdad", pues aparte de que veían su imagen real, su piel se veía radiante, limpia, sin arrugas y sus cabellos sin canas. Así uno a uno lanzó una exclamación pues las arrugas y las cicatrices habían desaparecido, y en ese momento recordaron cuando Tadeo Morán les dijo al beber el agua de la copa "Esta es el agua de la vida, de la juventud y de la prolongación de ella".

Todos los invitados se reunieron en el gran patio de la mansión. Aún no salían de su asombro debido a los acontecimientos que se habían desarrollado en el interior de la misma. Todos se abrazaban emocionados expresándose afecto dentro de esa gran fraternidad que había nacido en unas cuantas horas. De pronto se hizo el silencio por la aparición en la puerta de Tadeo Morán, Leonardo Moreno y Vanessa, los cuales caminaban muy juntos como si fuera una familia sólida.

Tadeo Morán levantó la mano para llamar la atención de los presentes y con palabras muy claras comenzó a hablar: "Queridos

Hermanos, les llamo así debido a que esta noche ha sido el inicio de una hermandad, porque al haber vivido una gran experiencia en donde ha habido milagros que estoy seguro que no habían visto nunca en su vida, nos unimos para poder continuar la misión que me ha sido encomendada por nuestro Creador. La misión de la que les hablo es la misma que vieron esta noche la cual se efectúa cada año en el gran salón, en el mismo día y a la misma hora. La misión de cada uno de ustedes de hoy en adelante será ofrecerle al mundo una actitud diferente cada día. Esa actitud deberá de ser de atracción, para que la gente que sufre de cualquier mal, esté dispuesta a dejarse ayudar para curarse. Cada uno deberá traer uno o más invitados en el próximo evento que se llevará a cabo el último día del año. Espero que en todas las mansiones del mundo existan personas como ustedes, siempre dispuestas a ayudar a los demás. Así pues, espero verlos a todos la próxima vez".

El silencio fue roto por una ovación para Tadeo Morán, y en ese momento él solo se limitó a elevar su mirada al cielo musitando unas palabras: "Gracias Padre mío por darme la oportunidad de servirte conforme a tus deseos".

En ese momento, como respuesta a sus palabras, miles de estrellas fugaces cruzaron el firmamento. Era un espectáculo digno de admiración, parecía que la naturaleza demostrara su alegría también por todos los acontecimientos que se llevaron a cabo aquella noche.

Uno a uno los invitados se fueron retirando hasta que solo quedaron ellos tres; Tadeo, Leonardo y Vanessa, que ahora eran inseparables amigos que habían hecho posible que los invitados de esa noche vivieran una experiencia maravillosa, en la cual la fe y la buena voluntad se antepusieron para continuar cambiando el modo de pensar de la gente que creía que la maldad estaba desplazando los buenos sentimientos de la humanidad.

UNA BODA SIN IGUAL

Llegó el carruaje que los transportaría hasta el poblado y Tadeo Morán le dijo al cochero que los dejara en un pequeño parque, y así lo hizo alejándose enseguida.

Tadeo Morán estuvo hablando con Leonardo Moreno y con Vanessa. El tiempo parecía detenerse para ellos cuando escuchaban hablar a Tadeo Morán. Ellos sabían que si seguían sus consejos, su vida posiblemente no caminaría a la perfección, pero de una cosa estaban seguros; Tadeo Morán les había enseñado el camino que recorrió y que ese camino no debía ser recorrido jamás porque sabían de las consecuencias si lo hacían.

Ellos sabían que Tadeo Morán había tenido la fortuna de aprovechar la oportunidad que se le presentó, una oportunidad muy valiosa cuando fue ayudado por un grupo de personas que le dieron la mano y lo llevaron paso a paso fuera del laberinto en el que se encontraba. Ahora que Tadeo Morán era una persona de respeto, muchas de esas personas aún lo seguían tratando y se sentían satisfechas de su buena obra. Muchos de ellos sabían de la misión de Tadeo Morán y colaboraban con él. La mayoría de ellos se encontraban en el gran salón de la mansión y allí aprendieron muchas cosas que desconocían. Con eso sería más fácil crear una conciencia limpia en la mayoría de personas que no deseaban saber nada de ayudar a los demás, y que tampoco deseaban que hubiera un cambio en su forma de pensar. Por eso al conocer la parte oscura de la vida de Tadeo Morán, estaban agradecidos de haber sido prevenidos de tomar el camino equivocado.

Comenzaba a llegar la luz del nuevo día cuando se despidieron, pero no sin antes acordar reunirse al día siguiente en el pequeño restaurante donde solían desayunar. Leonardo Moreno y su novia miraban como Tadeo Morán se alejaba rumbo a su casa y dieron gracias al cielo por ser amigos de él.

La gente los miraba tomados de la mano y mirándose el uno al otro y los saludaban. Ellos respondían los saludos. Eran dos enamorados caminando muy juntos. Si algún pintor hubiera hecho un cuadro de esa pareja, quedaría plasmado el amor que irradiaban al estar juntos, porque aunque el amor siempre se dibuja en forma de un corazón, lo que irradia es algo que no se puede describir con palabras. Así disfrutaron de la mañana, de la tarde y regresaron a la casa de Leonardo cuando comenzaba a oscurecer.

Estaban sentados en la alfombra frente a la chimenea. Ella tenía su cabeza en el pecho de él y mientras Leonardo le acariciaba sus cabellos, le decía con palabras muy suaves cuánto la amaba. No hubo necesidad de poner más leña en la chimenea, pues el calor que uno al otro se brindaba era suficiente para seguir manteniendo viva la llama del amor. Después los venció el sueño y en la misma sala se quedaron dormidos. El sueño de los dos era tranquilo, apacible y lleno de ilusiones, de esperanza en un mañana que nadie podría empañar.

Al día siguiente estaban reunidos los tres, Sofía la mesera se acercó a ellos y los tres ordenaron lo mismo al mismo tiempo, cosa que les causó risas.

Cuando la mesera regresó, traía las tasas y una jarra que desprendía un rico aroma de café recién hecho y les dijo que en seguida regresaba para que ellos ordenaran. Cuando regresó les enseñó la carta del día pero ellos solo pidieron algo ligero, unos ricos bocadillos con fruta picada.

Al terminar de desayunar Tadeo Morán les dijo: "Lo que sigue de ahora en adelante es la planificación de su boda. Será sencilla pero no por ello dejará de ser la mejor que se haya visto en este poblado. Pero antes iremos a un lugar para que vean mi regalo de bodas por anticipado".

Vanessa y Leonardo se miraron el uno al otro sin comprender el significado de esas palabras, pero conociendo a Tadeo Morán solo asintieron con la cabeza y en seguida apareció el carruaje que, como ya era costumbre, los trasladaba a donde fuera cuando la distancia era una en la que no podían irse caminando.

En las afueras del poblado se divisaba una finca rodeada de árboles frutales y a los costados de la finca, unas hileras de pinos. En el frente una fuente con aguas saltarinas las cuales producían un sonido armonioso tanto al subir como al bajar. Dicha fuente era alimentada con agua que bajaba de la colina por medio de un riachuelo. El agua era cristalina y de un sabor agradable, debía ser porque en la colina había un nacimiento de agua el cual su procedencia era de las altas montañas llenas de vegetación.

El solo hecho de mirar esa finca, producía alegría a toda persona que pasara cerca de ella. Por eso Leonardo y su hermosa novia miraban atentamente hacia ese lugar admirando cada detalle de la construcción y la perfecta ubicación de todo lo que había.

"¡Ese es mi regalo de bodas para ustedes! Espero que les guste" dijo Tadeo. Leonardo y Vanessa no salían de su asombro, sabían que algo bueno sucedería en sus vidas pero no de esa magnitud. Leonardo iba a decir algo, pero como si Tadeo Morán adivinara de qué se trataba, solo dijo: "Pasemos al interior".

Es difícil describir con palabras cuando se trata de dar detalles del buen gusto de una persona que conoce de lujos y también cómo producir un efecto en las personas para que aprecien los regalos. Leonardo y Vanessa estaban maravillados con la sala y el comedor los cuales contaban con lo más fino en cada uno de sus detalles, como la alfombra de la sala, la chimenea, los escudos de la época medieval, la fina losa para la cocina, etc. "Esas son las recámaras: una para ti y otra para tu futura esposa. Los espero en la sala" dijo Tadeo.

Entraron cada quien en su recámara y cada uno admiró lo que había en el interior de ellas. Lo que los atrajo como un imán fue mirar un arcón en cada recámara, el cual contenía joyas para hombre en la de Leonardo y joyas para mujer en la de Vanessa. Era en verdad una fortuna todo aquello.

Cuando los dos salieron de sus respectivas recámaras se miraron uno al otro y se dirigieron a Tadeo Morán, y como si sus pensamientos se convirtieran en uno solo casi hablaron al mismo tiempo hasta que Tadeo los interrumpió: "Sí, ya sé lo que me van a decir. Solo contéstenme una pregunta, ¿si ustedes estuvieran en mi lugar lo harían?". Los dos dijeron que sí al mismo tiempo y en esta ocasión no se abrazaron y casi podían escuchar el latir de sus corazones. Esos corazones que ahora latirían sin importar el mañana, esos corazones que vivían y disfrutaban el momento en que el amor hacia los demás juega un papel muy importante en la vida de las personas que anidan bondad en ellos.

Al salir al patio de la finca, a Tadeo Morán le preguntaron que si no era demasiado pedir el que les dijera el secreto de esa fortuna invertida en ese regalo. A lo que Tadeo Morán sonriendo les dijo: "Esa información la tenía reservada por si deseaban hacer un artículo hablando de cómo el ser humano puede hacer una fortuna. Hace tiempo te platiqué Leonardo de una máquina de monedas que cada trabajador tiene a su alcance sin necesidad de arriesgar y perder. En esa máquina de la que te hable todos ganan, rápidamente, o lentamente, todo depende de cuánto sepas y como pienses. La verdad es que aunque he trabajado toda mi vida, no fue hasta los 60 años que se me presentó la oportunidad de hacer funcionar la máquina de monedas ininterrumpidamente, y si me preguntas cómo lo logré, te digo que no fue nada que el ser humano no pueda hacer. Es algo tan sencillo como entrevistar a una persona importante de negocios y hacerle la misma pregunta que tú me haces.

En mi caso, esa persona a la que entrevisté se dedicaba a los negocios de mercadeo en red y aprendí lo más que pude acerca de ello. No fue de la noche a la mañana en que mi negocio comenzó a funcionar al grado que me daba miedo el solo hecho de pensar que no había límite para las ganancias generadas. Afortunadamente acudí a la misma persona que me aconsejara que hacer, y me dijo: "Es muy sencillo, solo has donaciones equitativas y todo estará bajo control". Como ves, cualquier gasto o inversión que yo haga es muy poco para lo que mi negocio genera, pero esto no termina ahí. Tengo varias compañías en todo el mundo que funcionan dando trabajo a miles de personas, pero eso no puedo decirlo porque me haría salir de la misión que tengo encomendada.

Todo mundo puede hacerlo, fabricar una máquina de monedas. Lleva tiempo y dedicación pero se obtiene el resultado de ello. La diferencia en los que no consiguen la meta es que se desesperan o les gana la envidia, y esa máquina pareciera tener sentimientos y darle a cada uno lo que merece de acuerdo a la dedicación de cada quien. El pensar ayudar a los demás, hacer obras benéficas, convertir el negocio en una misión más cuando de salud se trata, caminar junto a los que deseen progresar, motivar a las personas a ser mejores cada día, a mirarse como hermanos, darle a que aquel que no tiene y enseñar los principios básicos para poder vivir es una misión para toda la vida.

"Tadeo, pero todo el tiempo que hemos invertido en las entrevistas que hemos tenido...Discúlpame, yo no sabía" dijo Leonardo. "No hay nada que disculpar. Como sabes yo aún conservo mi trabajo porque me da la oportunidad de identificarme con mis compañeros y cuando es necesario, pido permiso para ausentarme, pues me dan bastantes beneficios que aprovecho. Pero siempre me gusta estar ocupado haciendo lo que me gusta hacer. No como una necesidad, me gusta convivir con mis compañeros de trabajo, ayudarlos, apoyarlos y orientarlos con mi experiencia, darles ánimo, regalarles y recibir una sonrisa produce en mí una gran alegría cada día como no te imaginas. Con lo que respecta a mi negocio en red, ése se maneja por sí solo. No necesito estar todo el tiempo pendiente de él, pues tengo quien se ocupe de la administración y del funcionamiento del mismo. Por eso es que me viste la mayor parte del tiempo cuando se trató de escribir tu libro. No tengo problema para estar donde quiero estar y puedo tomarme todo el tiempo que quiera. Les ruego mantengan todo esto en secreto para evitar que la gente se confunda, ya habrá ocasión de hacer un amplio artículo sobre lo que les dije" les dijo Tadeo.

Luego regresó cada quien a sus casas y esperaron el día de la boda de Leonardo y Vanessa. No había cambios, se llevaría a cabo el día de San Valentín, un 14 de Febrero el cual estaba cerca.

Por fin se llegó el día anhelado para dos seres que se amaban y deseaban unir sus vidas para no separarse jamás, o al menos hasta que la muerte los separara.

La ceremonia se celebraría en el Gran Salón de la Mansión. Todo estaba adornado de acuerdo a la ocasión. La gente reunida esperaba la llegada del carruaje que transportaría a la novia, un carruaje blanco con caballos blancos también. Atrás lo seguía un carruaje negro tirado por caballos negros con el novio. La ovación que se escuchó fue de mucho júbilo, pues sabían que la boda estaba por comenzar.

En cuanto bajaron del carruaje Leonardo y Vanessa, se dirigieron a la entrada de la Mansión. Allí los esperaba Tadeo Morán que le ofreció el brazo a Vanessa. En eso apareció la gran amiga de Leonardo que, tomándolo del brazo, entró detrás de Tadeo Morán y Vanessa.

En el Gran Salón todo estaba preparado para la ceremonia, los asistentes estaban en el interior, y a diferencia de la vez anterior, los asistentes entonaban cánticos de acuerdo a la ceremonia. Todo era alegría y de pronto se hizo un gran silencio. Tadeo Morán llevando a Vanessa a su lado camino entre los asistentes, la entregaría como es costumbre, a falta de padre, al hombre que la haría feliz.

Vanessa lucía radiante, toda ella irradiaba felicidad. Así lo sentían las personas que alcanzaban a tocar su vestido de novia el cual lucía espectacular para la ocasión. Leonardo caminaba al lado de su amiga incondicional que, por falta de madre también, lo entregaría con la mujer que lo haría feliz.

Se postraron frente al gran cristal que despedía una luz azul y de la cual provenían los milagros efectuados, siempre que había ceremonias para ello. En esta ocasión se trataba de unir dos vidas que tenían una misión, una misión que apenas comenzaría con la unión de sus vidas ante el Creador.

La diferencia en esta ocasión fue que no había ministro religioso que efectuara dicha ceremonia. Los asistentes esperaban que alguien iniciara la ceremonia, cuando de pronto se escucharon unos cantos celestiales. Esos cantos ya los asistentes sabían que se escuchaban antes de que algo grandioso sucediera.

De pronto los cantos cesaron y en el enorme cristal se dibujó la imagen de un ser humano, todos sabían de quién se trataba pues el Creador tomaba la imagen de ser humano para ese acto sin precedentes. Se escuchó una voz: "Tómense de la mano, mírense a los ojos y júrense amor eterno, y que esta unión no haya nada ni nadie que la separe". Acto seguido, todo volvió a la normalidad.

Todos los asistentes a la ceremonia se miraron extrañados, pues esperaban las palabras "hasta que la muerte los separe" ¿Por qué la diferencia con respecto a las otras ceremonias que habían vivido? La respuesta llegó de inmediato al saber que en el Salón de los Milagros la muerte no existía, porque era el Salón de la Vida y el que deseaba vivir, viviría por siempre, con la condición de que su vida la dedicaría a ayudar a los demás .

La explicación era que Leonardo y Vanessa serian inmortales mientras se dedicarán a la misión que se les había encomendado. Así se los hizo saber Leonardo cuando al término de la ceremonia y la comida les pidió a los asistentes que pusieran atención a las palabras que Tadeo Morán dirigiría a todos, agradeciéndoles su presencia y deseándoles un feliz retorno a sus hogares.

Sentados en el amplio jardín de la gran mansión, tomando el desayuno, estaban los tres reunidos. Vanessa había preparado algo para tal ocasión. El sol de la mañana brillaba en todo su esplendor, las nubes del pasado habían quedado atrás como horribles monstruos que al fin habían soltado a sus presas para no seguirlas dañando. Todos habían sido liberados de sus temores. Tadeo Morán sabía que con todo lo que había contribuido desde que empezó a aportar sus conocimientos y experiencias en el libro de Leonardo Moreno, se liberaría de una pesada carga que había venido arrastrando desde hace muchos años. Ahora al fin era capaz de disfrutar de lo que le ofrecía la vida, y lo que la vida le ofrecía era un campo ilimitado con todos los conocimientos necesarios para ir ayudando a los seres humanos perdidos en el oscuro laberinto de sus vidas.

No fue casualidad el haberse encontrado con Leonardo Moreno en la pequeña tienda de aquel poblado y haber comenzado una misión que lo libraría por fin de su pasado. Él estaba seguro de que fue obra del Creador que lo había visto sufrir y que con su bondad infinita, le facilitó los medios para poder librarse al fin de sus dolorosos recuerdos, convirtiéndolos en herramientas que serían capaces de curar a todos los seres humanos que desearán ser liberados de tan terrible mal.

Estaba seguro que no era la vida perfecta de un ser humano lo que ayuda a los que quieren seguir sus pasos. Él supo en todo momento que al mostrarse al mundo como era y cuánto daño hizo, sería lo que los demás tratarían de evitar sin pensarlo tanto y por eso se sentía en paz consigo mismo ahora.

Concentrados cada uno en sus pensamientos, transcurrió el desayuno y cuando al fin terminaron, fue Tadeo Morán quien rompió el silencio diciéndoles: "Creo que mi misión en este lugar ha concluido". A lo que Leonardo le contestó que mucha gente lo necesitaba. Inclusive él y Vanessa. Vanessa agregó que esto parecía una despedida y Tadeo le respondió que sí lo era, "sí es una despedida, pero no se preocupen porque no es para siempre. Estaré con ustedes siempre que me necesiten. Por lo pronto sé que están preparados para llevar una vida como Dios manda, de eso no me cabe la menor duda".

En los ojos de Leonardo y de su esposa se asomaron unas lágrimas. Ellos sabían lo que significaban las palabras de Tadeo Morán, eran palabras de despedida. Aunque no era para siempre, era una despedida que causaba dolor en los corazones de aquellos dos seres que habían llegado a sentir el amor y la protección de Tadeo Morán.

"No es momento de tristezas. La despedida será mañana a esta misma hora y en este mismo lugar. Espero que sean puntuales como siempre, ya mañana les explicaré con detalles cuáles son mis deseos antes de partir. Por lo pronto les voy a pedir que se retiren y procuren descansar, pues yo aún tengo algunas cosas que hacer" dijo Tadeo.

Así que se alejaron en el carruaje que siempre los transportaba y volvieron a sumirse cada uno en sus pensamientos, y llegaron a la conclusión de que Tadeo Morán sabía lo que hacía y por qué lo hacía. Ellos solo se dedicarían a seguir sus consejos, pues estaban convencidos que era lo más indicado.

Y entonces allí estaba Tadeo, esperando que Sofía la mesera de aquel lugar fuera a tomarle la orden y cuando apareció, una sonrisa amable se dibujó en el rostro de la hermosa mujer la cual le había tomado mucho cariño, ¿O sería amor lo que sentía por él? Aún no estaba segura de ello. De lo que sí estaba segura era de que Tadeo Morán la atraía de tal forma que estaba segura que si él le pedía que unieran sus vidas, no dudaría un instante en decirle que sí.

"¿Desea tomar algo antes de ordenar? le preguntó ella, pero no sin antes recorrer con la mirada las demás sillas, pues siempre que Tadeo Morán llegaba a aquel lugar iba acompañado de Leonardo Moreno o de Leonardo con su novia. Pero esta vez iba solo. Lo miró fijamente a los ojos, como si al mirarlo buscara algunas palabras que le dijeran que la amaba, pero no fue así. Tadeo Morán solo se limitó a decirle a Sofía: "Tráeme una taza de café y tú sírvete la bebida que te agrade, quiero conversar contigo". "Pero señor..." balbuceó ella. Él respondió que no se preocupara por sus jefes, que él hablaría con ellos.

Casi corriendo se fue Sofía traer una jarra de café y Tadeo Morán habló brevemente con el dueño del restaurant. Cuando llegó la hermosa mesera, estaba de pie junto a la mesa. Caballerosamente Tadeo Morán la invitó a sentarse y comenzó a hablar con ella: "Sofía, lo que tengo que decirte es que ya no vendré más a este restaurant. No porque no desee verte, sino porque me voy lejos a continuar una misión que tengo encomendada de por vida. Es una misión que no puedo rechazar porque de ello depende la vida de mucha gente, pero no te preocupes, es posible que nos volvamos a ver. ¿Cuándo? Ni yo mismo lo sé. Lo que sí sé es que deseo que seas feliz y que encuentres en tu camino a alguien que comparta su vida contigo para que puedas ser feliz. Sé que tu dedicación hacia tus hijas te lo impide por lo pronto, pero recuerda que los hijos se van y ahí es donde termina la misión de nosotros como padres, y aunque continúa el lazo familiar que obliga a los padres a estar pendiente de los hijos, la responsabilidad es menor".

Sofía no dijo nada, solo se limitó a escuchar y de sus hermosos ojos se desprendieron unas lágrimas que trato de disimular, pero que Tadeo Morán secó con un pañuelo que había sacado de su bolso y le dijo: "Me hubiera gustado proponerte unir tu vida a la mía, pero eso no es posible. La misión que tengo encomendada no me lo permite porque necesito estar solo, un tiempo razonable. Esa misión es conmigo mismo porque necesito ponerme en paz con todo lo que me rodea para poder ayudar a los demás. Tengo para ti un regalo especial que espero lo disfrutes. Tú te lo has ganado por el simple hecho de ser madre, de ser una mujer capaz de dar y recibir amor y por tener más atributos que sería difícil enumerar". Terminaron de tomar cada uno su taza de café y Tadeo Morán se paró ofreciendo su mano a Sofía, que ya estaba más tranquila.

"Toma este sobre y ábrelo cuando me haya marchado. Si deseas agradecérmelo solo te pido que sigas siendo la Sofía que has sido hasta ahora. Que Dios te Bendiga".

Acto seguido la abrazó fuertemente y sintió cómo ella vibraba en todo su ser, y antes de separarse ella lo besó en la mejilla diciéndole: "Gracias por todo, espero verlo muy pronto". Luego de que Tadeo se fue, ella no podía dar crédito a lo que miraban sus ojos. En el sobre estaba una carta en la que decía que una compañía de renombre en todo el mundo, le mandaría mensualmente una cantidad de dinero para vivir cómodamente por el resto de sus días. Quiso correr para alcanzar a Tadeo y agradecerle por ese gran regalo, pero se acordó de las palabras de Tadeo Morán en las cuales le pedía ser la misma Sofía de siempre y solo se limitó a susurrar una Bendición para aquel hombre, un hombre enigmático, pero al fin y al cabo un gran hombre.

Muy temprano estaban reunidos los tres, y a diferencia del día anterior que se habían citado para desayunar, todo fue diferente. Un día en que habría una despedida, una despedida que producía cierta tristeza en los dos recién casados, pero que sabiendo que era inevitable, procuraban disimular haciendo un gran esfuerzo para que Tadeo Morán no sintiera pena por ellos.

Tadeo Morán tenía en la mano derecha un libro y en la otra un sobre. Cuando se acercó a ellos les dijo: "En este libro están las indicaciones para seguir conservando la mansión la cual se llevara a cabo la Ceremonia de Sanación y rejuvenecimiento que se hace año tras año. Ustedes se encargarán de eso de hoy en adelante. En este sobre está el regalo para ustedes, úsenlo adecuadamente y no permitan que nada ni nadie empañe su felicidad. Cuando salga tu libro, yo lo adquiriré en cualquier lugar que me encuentre. Ten la seguridad de que será algo original y único por su género. Espero que la fama y la fortuna no te desvíen de tus buenas acciones". En eso Leonardo balbuceó y Tadeo lo interrumpió: "Ya sé lo que me quieres decir, el mérito será tuyo, pues he visto el empeño y la dedicación que has puesto en lo que has emprendido. Te aseguro que falta mucho por hacer, pero todo está en marcha y eso es lo que importa. Yo necesito un tiempo razonable para dedicarlo en mí. Les aseguro que si estoy bien ahora, estaré mejor cuando nos volvamos a ver.

Darle un abrazo muy fuerte a cada uno fue la despedida, y al levantar la mano para decirse adiós, terminaron riendo a carcajadas porque lo dijeron al mismo tiempo. "Vaya coincidencia" repitieron juntos de nuevo.

Cuando se alejaba Tadeo Morán, Leonardo Moreno le dijo a su novia que le permitiera hablar unos minutos con él para hacerle una pregunta que se le había olvidado y que era muy importante. Cuando lo alcanzó le dijo que quería hablar con él y le dijo: "Solo quería saber qué pasará con Paty, si ella te acompañara a donde vayas, porque deseo explicarlo en mi libro, es parte del final". Tadeo Morán mirando a Leonardo muy fijamente, como si al decir las palabras que salieran desde muy adentro de su pecho le causarán un gran dolor, le dijo lentamente: "En esta ocasión no habrá un final feliz debido a que nuestras vidas deberán tomar senderos distintos. He hecho hasta lo imposible por llevar una vida ejemplar, pero como te dije antes, hay cosas que hacen un daño irreversible y como ya se dónde está el mal, la solución es la separación definitiva. Será doloroso pero he llegado a comprender que alejándome, ella podrá vivir sin mi presencia, la cual le hace recordar cosas del pasado que no quiere desprenderse de ellas. No obstante, ella no quedara desamparada, recibirá lo suficiente para poder vivir cómodamente el resto de sus días. Mi hijo ya puede valerse por sí mismo y también estaré pendiente de él aunque en la lejanía. Es muy posible que lleguemos a tener comunicación a menudo, me gustaría estar más tiempo al lado de él, pero veo que la falta de buena comunicación con su mamá lo hace sentir mal. Esa es una razón más para alejarme lo más lejos posible de aquellos seres que amo y que no deseo seguir dañando, pero aún tengo amor por mis semejantes y un amor a la vida ahora más que nunca. Algo me dice que algo grandioso vendrá a mi vida y aunque no sé qué es, tengo la esperanza de que será algo que me hará vivir la vida plenamente como jamás la he vivido. No me preguntes qué es porque ni yo mismo lo sé. Solo sé que tengo que esperar, y estar preparado para lo que vendrá.

Los designios del Creador de todas las cosas son impredecibles. Por eso mismo nadie se puede anticipar a ellos. Solo te puedo decir por último, que ustedes serán los primeros en saber de esto que ahora te digo. Pero anda, regresa con tu esposa, y solo quiero que me prometas que tú no te equivocarás como yo ya que echarías por tierra mi labor. Confío en que al saber de mis amargas experiencias, buscarás por todos los medios llevar una vida digna de ofrecer a la mujer que amas. De eso puedes estar seguro" y dándole un abrazo, Leonardo le dijo: "Te lo prometo".

Tadeo Morán se alejó, y cuando su figura desapareció de la vista de Leonardo Moreno, levantó la mano para decirle hasta pronto a Tadeo. Tal pareció que sus palabras hicieron eco, pero lo cierto es que Vanessa repetía las mismas palabras que su esposo. Acto seguido abrazó a Leonardo diciendo: "Pidámosle al Creador que bendiga a ese buen hombre y que pronto sea recompensado por sus obras".

Allí en la tarde soleada, dos seres permanecían juntos con sus manos entrelazadas jurándose amor eterno para darle gracias a la vida por todo lo bueno que les había dado.

UN REENCUENTRO FELIZ"

Habían pasado varios años, una familia pequeña compuesta por un hombre, una mujer, un niño de siete años y una niña de cinco, asistía a una Mansión de vez en cuando siguiendo las indicaciones de un hombre que se había alejado prometiendo regresar algún día y, aunque lo extrañaban, sabían que estaría en algún lugar del mundo cumpliendo una misión que le había sido encomendada.

El libro que Leonardo había escrito había sido un éxito y en sus ratos libres Leonardo Moreno seguía escribiendo, pues desde que escribió su primer libro, supo que esa era parte de su vida. La armonía que reinaba en su hogar era gracias a las amargas experiencias que Tadeo Morán vivió y que no quiso que fueran recorridas de nuevo por nadie que quisiera lo mejor para los seres que amaba.

Llegó el día de Navidad y en el buzón de su casa, Vanessa y Leonardo encontraron un sobre dirigido a la familia Moreno. Al abrirlo no podían dar crédito a lo que sus hijos veían, en la foto se veía una familia de cinco personas; una mujer joven de ojos verdes, un joven a su lado, un niño de ojos verdes de unos ocho años y una niña hermosa de un año. Lo que llamó la atención de Leonardo y Vanessa, fue un hombre maduro que estaba al lado de la mujer de ojos verdes. El parecido con Tadeo Morán era idéntico, a diferencia que el cabello estaba completamente negro, la piel de su cara no denotaba arruga alguna y se miraba atlético, sin duda seria hermano de Tadeo Morán, pensaron. No obstante, tenía la mano levantada saludando. Entonces exclamaron: "Es él, es Tadeo Morán".

Cuando leyeron la carta explicándoles todo, supieron que Tadeo Morán se había alejado a otro continente. Allí se dedicó a poner en práctica sus conocimientos para rejuvenecer. Pudo revertir los estragos que la edad le estaban causando, poniendo en práctica todos sus conocimientos. No era necesario esperar cada fin de año donde se llevaba a cabo las ceremonias de sanación y rejuvenecimiento. Él pudo lograrlo en un lugar apartado, eso sí, con la ayuda del Creador que él siempre ponía en primer lugar cuando de comenzar una misión se trataba.

También les explicó que por azar del destino, un día se encontró frente a una mujer con dos hijos. Ellos se identificaron de inmediato, era Rocío la mujer que Tadeo Morán amaba en silencio, y que aunque se había resignado a no mirarla nunca más para no ser el culpable de dividir una familia, ahora el destino los ponía otra vez frente a frente, y cuando comenzaron a platicar acerca de los sucesos en su vida, Rocío le dijo que su esposo había fallecido víctima de un mal adquirido en una expedición.

Rocío le dijo a Tadeo Morán que en cuanto falleció su esposo, platicó con su hijo mayor y le dijo la verdad acerca de su hermano, a lo cual él le contesto que le agradecía la confianza y que se imaginaba lo que había sufrido ocultando la verdad por tanto tiempo. Después lo hizo con su hijo menor y, aunque fue un poco más difícil porque él quería conocer a su padre Tadeo Morán, no era posible hasta que se encontraron.

Se unieron en matrimonio y la llegada de Yolanda llenó de alegría a Tadeo, Rocío, y a sus dos hijos varones, como los llamaba Tadeo cuando se refería a ellos. Leonardo y Vanessa mandaron ampliar la foto y la pusieron en un cuadro grande junto con la familia, porque eso era Tadeo Morán y su familia actual, parte de una gran familia que tenía ahora una misión, porque estaban seguros de que mientras existiera Tadeo Morán, siempre sería para ellos un ejemplo a seguir.

Seguían pasando los años y en aquella Mansión, y en varias mansiones del mundo se repetían los milagros, y conforme pasaba el tiempo ya no era un secreto que la gente pudiera sanar y rejuvenecer mediante el estudio y la práctica de conocimientos que se iban transmitiendo. A todas las mansiones del mundo la gente asistía y practicaba lo que aprendía en esos lugares. No obstante, había mucha gente incrédula que en vez de aceptar los hechos, trataban de demostrar que era una farsa.

Mucha de esa gente trataba por todos los medios de desviar la atención, por eso se pedía que la mayoría de las personas que hubieran sido beneficiados con algún milagro ocurrido en la Mansión, hicieran lo posible de llevar como invitados a esas personas el año nuevo que se aproximaba.

Había mucho movimiento en la Gran Mansión por los preparativos de año nuevo y cuando llegó la fecha, había demasiada gente al grado que Leonardo y Vanessa pensaron que sería imposible que fueran acomodados en el gran Salón. No obstante recordaban las palabras de Tadeo Morán cuando les dijo: "En el Salón de los

Milagros todo es posible" y prosiguieron con el evento del año nuevo.

Toda la gente estaba afuera de la Mansión y ya se acercaba la hora en la debían entrar y pasar frente al espejo. Se repetiría lo que año a año se llevaba a cabo, con la diferencia de que esta vez, había mucha gente que era renuente a creer en los Milagros.

Alguien de los presentes gritó en tono burlón: "Será un lugar de milagros, pero no creo que de milagro quepamos todos en el salón por muy grande que sea". Muchos de los presentes se rieron, parecía ser la verdad, pero en eso se escuchó un estruendo como si fuera a desplomarse toda la construcción de la gran mansión, y llenos de asombro vieron cómo la Mansión se expandía una, dos y tres veces más de su dimensión habitual, y solo se escuchó el silencio y luego miraron un carruaje negro tirado por caballos blancos como la nieve que proyectaba una luz brillante que dejó boquiabiertos a todos los ahí presentes. En cuanto el carruaje paró, bajó un grupo de personas que aún no se alcanzaban a distinguir. Miraron a un hombre, una mujer, un joven, una niña y un niño, y cuando estuvieron cerca una gran multitud lanzó un grito de alegría: ¡Tadeo Morán! gritaron al mismo tiempo. Habían reconocido a aquel hombre, el hombre que había hecho posible que la gran mansión permaneciera por muchos años antes de que Leonardo y Vanessa se hicieran cargo de continuar al cuidado de ella.

"¡Bienvenidos a la Gran Mansión! Pasemos", les gritaron. Todos fueron pasando y, aunque eran muchos al pasar frente al espejo, se repitió lo mismo de cada año a lo cual todos los incrédulos permanecían atentos a cualquier suceso que los hiciera desistir de la idea que todo lo que se hablaba con relación a los milagros era pura farsa, a pesar de lo que habían visto de la expansión de la mansión antes de entrar en ella.

Cuando todos estuvieron sentados, comenzaron los cantos celestiales que producían paz y tranquilidad a los renuentes, a tal grado de que sus rostros tensos comenzaron a suavizarse y la emoción entró en sus corazones llenándolos de fe y esperanza en su mente atormentada por todos los males que tenían encima.

Llegaron las personas que transportaban a los ancianos y las personas inválidas, entonces los cantos se escucharon más fuerte, y en ese momento la luz azul en el gran cristal, comenzó a cobrar intensidad y un as luminoso se posó en cada uno de los presentes, y no hubo nadie que no fuera tocado por dicho as. En ese momento se escuchó una voz suave pero con claridad que decía: "Este es el salón de los milagros, en él se encuentra la salud, la esperanza y la vida. En este salón también se obtiene la juventud perdida y se puede obtener la fe para seguir viviendo por siempre joven".

Todos sin excepción cayeron de rodillas, los ancianos que habían sido llevados se levantaron de sus sillas de ruedas y así mismo los inválidos. Aquellos que estaban incrédulos lloraban emocionados por haber presenciado los milagros ocurridos en el Gran Salón de Los Milagros.

La luz azul comenzó a tomar un brillo intenso, pero lo extraño era que no lastimaba la vista de los ahí presentes, y en ese momento se escuchó una vez más la voz que decía, "después de presenciar estos milagros, no pueden quedarse callados, vayan y proclamen lo que han visto".

Acto seguido, la luz desapareció. Cuando terminó la ceremonia de los milagros, la gente comenzó a salir, y como siempre los que habían visto su imagen deformada en el espejo de la verdad, miraron una imagen limpia y libre de maldad. Eso los llenaba de regocijo. Esta vez no hubo despedidas, cada quien se fue de regreso por donde había llegado. Solo Leonardo, Vanessa, Tadeo

Morán y sus hijos se quedaron al último para formar un círculo, todos abrazados, y elevando su mirada al cielo dieron gracias al Creador por todos los bienes recibidos esa noche.

Cuando Leonardo le preguntó a Tadeo Morán que si podía permanecer junto a ellos en ese poblado, Tadeo Morán le contestó que tenía una misión pendiente en el poblado donde actualmente vivía, y Leonardo notó una pequeña arruga en la frente de Tadeo Morán y en seguida le pregunto: ¿Algo te preocupa Tadeo? A lo que Tadeo le contestó: "Sí, no te puedo mentir. En el poblado donde vivo se practica la hechicería y muchas cosas de ocultismo. Por eso me estoy preparando para contrarrestar todo eso, pero no te preocupes. Si es necesario sé que cuento con tu ayuda. Si te necesito te prepararía con el conocimiento que yo adquiera para enfrentarnos a lo que se presente".

Todos se fueron en los carruajes que aparecieron para llevarlos a la casa en la que vivía Leonardo con su familia, ellos se reunirían en ese lugar y después regresarían a su hogar para continuar cada uno con la misión que se habían echado a cuestas, obedeciendo un mandamiento sagrado que los haría pasar a la inmortalidad. Aunque sabían que su tarea no sería fácil, estaban siempre listos para acudir a cualquier llamado de ayuda en cualquier parte del mundo.

Los carruajes parecían no tocar el suelo y es que en realidad no tocaban el suelo. Los milagros continuaban aún fuera de la Gran Mansión. La gente veía maravillada dos carruajes tirados por hermosos caballos. Esa gente que los miraban, ya jamás podrían dudar que los milagros existen cando existe pureza en las almas de aquellos que tienen la fe suficiente para creer en ellos.

UNA MISIÓN CUMPLIDA

Después de estar unos días en la casa en donde habitaban Leonardo y su familia, y de practicar día a día los ejercicios de preparación para llevar una vida sana, tanto física como mental, y en cuyos ejercicios participaban todos, llegó el momento de la dolorosa despedida.

No había palabras, solo silencio. Ninguno de los ahí presentes se atrevía a decir algo. Fue Tadeo Morán, con su habitual forma de encarar las situaciones no comunes, el que rompió el silencio en esa tarde. Comenzaba a sentirse un poco de frío aunque el sol aún no se ocultaba. Ese frío provenía de la montaña que estaba tupida de vegetación y que el viento les propiciaba la frescura que de ella emanaba.

"Sé que no es fácil decir adiós cuando existe una gran misión que nos une y que nos identifica como seres unidos por el amor al prójimo. Sé también que la distancia que nos separará será enorme, pero también quiero que sepan que no hay distancia por enorme que sea que pueda separar o desunir lo que ha sido unido por una buena causa. Démosle gracias al Creador porque cada uno de nosotros tiene una misión que llevaremos a cabo con entusiasmo y amor. Los lazos de amistad que nos unen perdurarán por siempre. Esos lazos de amistad serán ejemplo para las futuras generaciones.

Por ahora nada de tristezas. Solo les pido que me prometan ser felices y así la felicidad también estará con nosotros" les dijo Tadeo.

Los abrazos parecían interminables, y después formaron un círculo todos unidos pidiéndole al Creador que la paz y la felicidad reinara en toda la fase de la tierra.

El carruaje blanco tirado por caballos blancos a la vez aguardaba a cinco seres humanos que partirían a otro continente, y al abordar el carruaje todos tenían las manos levantadas diciéndose adiós.

El sol comenzaba a ocultarse y sus potentes rayos dorados fueron opacados por unos rayos de luz azules que formaban una estela luminosa por donde se miró un hermoso carruaje llevando de regreso en su interior a una familia que tenía una misión que llevar a cabo en el lugar al que se dirigían. En dicho lugar aún predominaba la miseria, la corrupción y la maldad, pero ellos iban decididos a llevar la luz de la verdad, de la esperanza y de la fe mediante una labor que les había sido encomendada.

Tadeo Morán se sentía satisfecho con lo que había logrado hasta ahora, pero deseaba consagrar su vida sin detenerse por ningún motivo. Se sentía liberado de toda carga que le impidiera disfrutar de la vida junto a su familia, y aunque fue muy difícil conseguirlo, al fin lo había logrado, gracias a que en su mente siempre tuvo la idea de aprovechar todo lo que tuviera a su alcance para poder revertir los estragos del tiempo "viviendo por siempre joven".

UN PELIGRO QUE ACECHA, UNA MISIÓN MÁS PARA TADEO MORÁN

Sentado, en el jardín de su casa, oscurecía ya cuando alguien le cubrió los ojos a Tadeo con sus manos, y depositando un beso apasionado en sus labios le dijo con un susurro de voz: "Te quiero amor mío, soy muy feliz a tu lado". Él a su vez correspondió diciéndole: "Yo también te quiero, y si tú eres feliz, yo también soy muy feliz". Antes de dirigirse a su recámara, elevaron su vista al cielo tachonado de estrellas y dijeron una plegaria diciendo: "Señor Bendice por siempre nuestro Hogar". Después, él la cargó en sus brazos y mirando sus hermosos ojos verdes, al fin pudo adivinar el futuro que le esperaba al lado del gran amor de toda la vida y que aunque viviera por siempre, no necesitaba morir para poder experimentar la gloria. Solo supo que había valido la pena todo lo que tuvo que vivir, sufrir y sentir para llegar a ser feliz y lo más importante, que la mujer que amaba le dijera que era muy feliz.

Antes de acostarse se quedó parado un instante, y al verla tendida en su cama, con su cara apacible, sus cabellos sobre la fina almohada y sus hermosas facciones, se acercó lentamente hacia ella y en un susurro apenas perceptible para el oído humano le dijo cuánto la amaba. Comenzó a acariciarle los cabellos y al mirarla tan frágil, un pensamiento de inseguridad cruzó por su mente. ¿Qué sería de ella si por alguna causa él le faltara? Ese pensamiento llegó a él como un latigazo directo a su pecho, pero ¿por qué tal pensamiento? La causa estaba en lo que le había dicho a Leonardo Moreno de que en ese lugar se practicaba la hechicería y el ocultismo, y que había mucho que hacer, pero también, había mucho que arriesgar, incluso la vida misma.

Desechó esos pensamientos y solo se limitó a relajarse unos minutos antes de disponerse a dormir. A la mañana siguiente se despertó para hacer los ejercicios que practicaba día a día y después se dedicó al estudio de un libro que había recibido de sus maestros, los cuales le habían aconsejado que solo lo leyera cuando algo demasiado fuerte amenazara con la paz y la tranquilidad de las personas que deseara ayudar.

Allí estaba, parecía una esfinge esculpida en mármol. Sus ojos entrecerrados parecían espiar todo lo que lo rodeaba. Estaba consciente aún sin ver de todo lo que sucedía a su alrededor, aún más allá del poblado en donde vivía. Como viajando en el espacio, miró unas enormes grutas. La profundidad de ellas era de una distancia enorme. Alcanzó a ver unos altares de piedra con unas manchas de sangre a sus costados y de pronto sintió un zumbido doloroso e insoportable que lo hizo regresar de inmediato a su cuerpo.

Sabía que se enfrentaba a algo desconocido para él, sabía que debía prepararse más y sabia también que debía pedir ayuda de sus maestros para poder llevar a cabo esa misión que era demasiado peligrosa. Entonces supo que los milagros se realizan, pero que cuando la maldad es practicada por los seres humanos, tiene que haber un enfrentamiento entre el bien y el mal y esa lucha es desastrosa y llena de peligros.

Él sabía que tenía la protección divina pero no todo podía resolverse con esa protección, pues el mérito era luchar y vencer como todo ser humano, aplicando los conocimientos y agregando a ellos la fe y el valor.

Continuaba la vida llena de paz y armonía en el hogar. Los temores se habían esfumado. No había sucedido nada que empañara la felicidad de la familia Morán, y todo parecía indicar que la tranquilidad y la prosperidad abundarían en ese lugar.

En la entrada de la casa de la Familia Morán podía mirarse un letrero que decía: "Bienvenidos a este hogar donde existe la paz, la armonía y el amor para poder seguir viviendo por siempre joven".

FIN